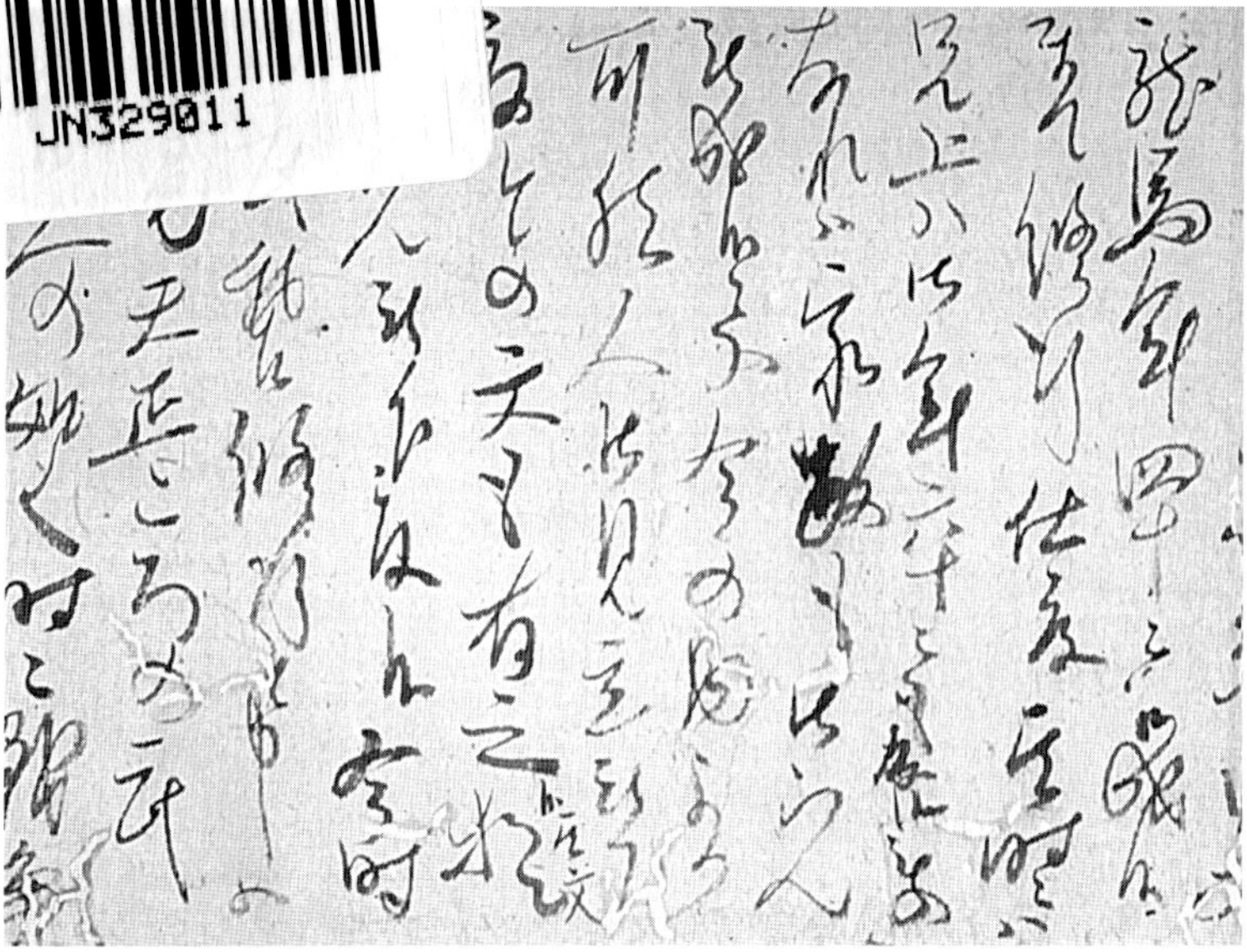

坂本龍馬書簡　文久三年八月十九日　川原塚茂太郎あて（部分）東京・個人蔵

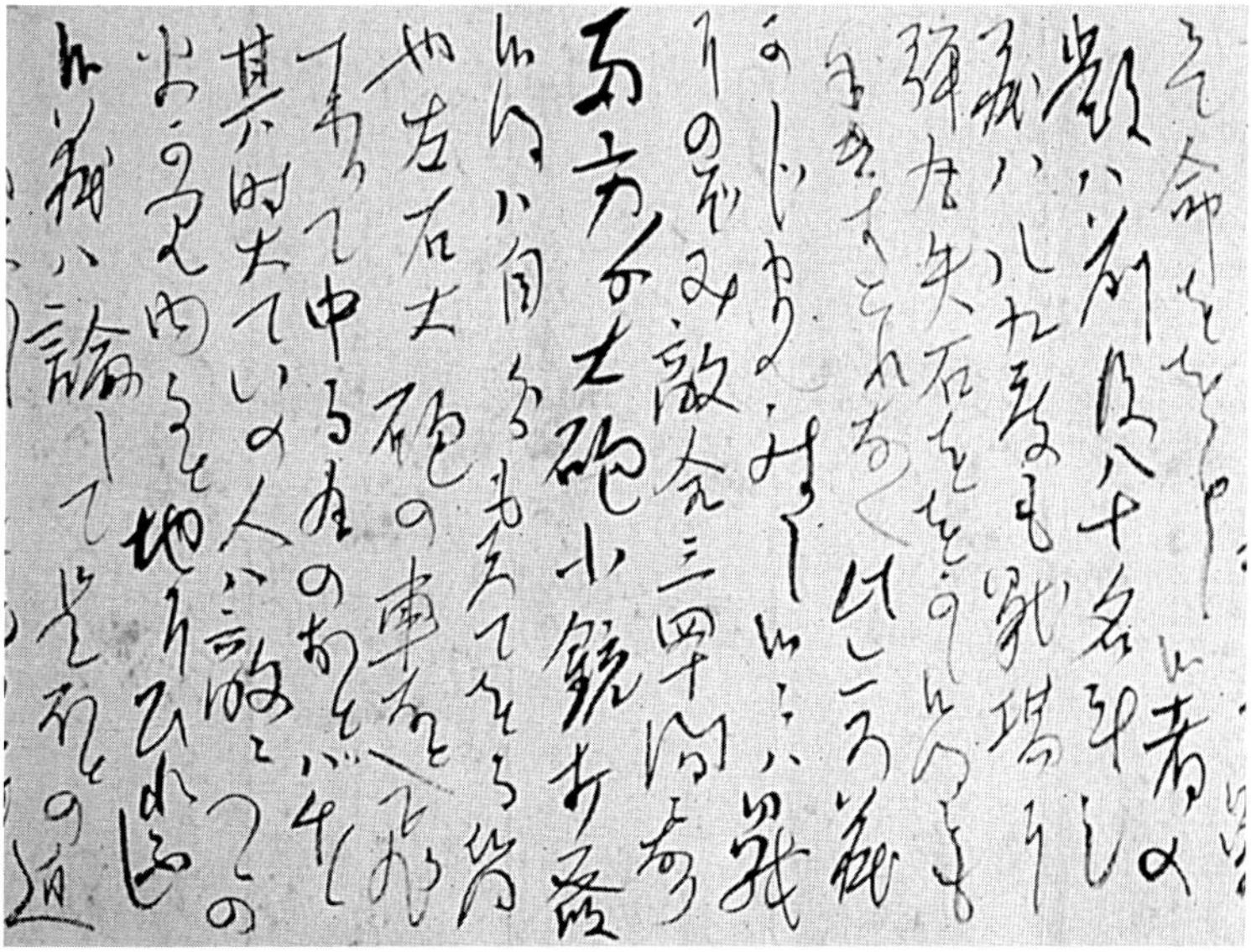

坂本龍馬書簡　慶応元年九月九日　池内蔵太家族あて（部分）大阪・個人蔵

龍馬を読む愉しさ

―再発見の手紙が語ること―

宮川禎一

臨川選書23

はじめに

博物館の筆者の手元にその封書が届いたのは平成十二年（二〇〇〇）一月半ばのことであった。やや重たい茶色の封筒を開封するとロングサイズの写真数枚と手紙が現れた。その写真を目にした瞬間に坂本龍馬の筆跡であることは分かったのだが、すぐには全貌は理解できなかった。その手紙は後に文久三年八月十九日付、川原塚茂太郎あての龍馬書簡であることが明らかとなるのだが、その時これは大変なことになるなあという予感がしたことを記憶している。

手紙の写真をお送り下さったのは東京にお住まいの個人の方で、「先年亡くなった高知市出身の父の遺品の中にあった手紙なのですが、どのような文意で、歴史的な価値があるものなのかどうかを教えて下さい」という内容の手紙が添えてあった。

写真は七枚であり、手紙文中の「元亀天正」や「八月十九日」の文字は明らかであった。龍馬書簡の研究には必携である宮地佐一郎の『龍馬の手紙』（ＰＨＰ文庫）をざっと捲って「八月十九日」の手紙がないことから、しばらくは新発見の手紙ではないかと早合点していたのである。しかしこれは後で間違いであると分かった。

この川原塚茂太郎あての龍馬書簡一通は東京在住の所蔵者から拝借し、平成十二年夏の京都国立博物館での特別陳列「坂本龍馬と幕末の争乱」において公開した。また記者発表を行なって新聞等にも報道掲載された。そのためこの手紙のことを記憶されている方もいらっしゃるであろう。それ以降も京都国立博物館で寄託を受けて、毎年の坂本龍馬展に展示し来館者には御覧いただいているものである。

現れた川原塚茂太郎あての龍馬の手紙を読み解いていくうちに、様々な疑問点が浮かび、またその解答も徐々にではあるが明らかとなってきた。本書では平成十五年（二〇〇三）現在に至るまでの筆者の認識の進展を、時間の経過をたどりながら記してみたい。また京都国立博物館収蔵資料や寄託資料などの紹介を通じて、坂本龍馬研究の現状の一端を理解していただきたいと考えている。そして龍馬の手紙を読む愉しさを本書の読者に少しでもお分かりいただければと思っているのである。

この再発見された龍馬の手紙の話に入る前に、まず坂本龍馬の生涯と事績、家族、手紙について述べておこう。もちろん龍馬をよくご存知の方は第二章へと進んでいただきたい。

なお本書に掲載した書簡写真はすべて坂本龍馬の直筆である。

龍馬を読む愉しさ
——再発見の手紙が語ること——*目次

第一章　資料が語る坂本龍馬

(一) 坂本龍馬の生涯と事績

幕末に活躍した坂本龍馬は日本史上の有名人のひとりであり、人気投票でも常に上位にランクされている。その人気の理由は薩長同盟や大政奉還といった龍馬の成し遂げた歴史的業績はもちろんのこと、豪放にして優しい龍馬自身の人間的魅力にもよっている。そしてその魅力は実は現在百四十通ほどが残っている龍馬の書いた手紙の中によく表れているのである。

坂本龍馬が土佐国、現在の高知市で生まれたのは天保六年（一八三五）十一月のことであった。江戸幕府が始まって二百年余、幕藩体制の行き詰まりが顕著となり、鎖国を破ろうとする外国船が日本の沿岸にしばしば出没するような時代に生を受けたのである。後に幕末維新期に活躍する人材の多くは龍馬と同じ天保年間に誕生しているのだ。

龍馬が生まれた坂本家は土佐の下級武士にあたる郷士の家であった。坂本家は商業で財を成し明和年間に新規に郷士に取り立てられた家柄であった。龍馬は父八平（長兵衛）と母幸の間に生まれた次男であった。上には長男権平、長女千鶴、次女栄、三女乙女があった。その家系図は坂本家資料として現在京都国立博物館の所蔵となっている。龍馬は十二歳の時に実母を亡くし、乳母や姉に育てられたという。現在残る龍馬の手紙には三歳年上の姉乙女にあてて書いたものが最も多い。また龍馬の書簡には乳母の話がたびたび現れるのである。幼少期の逸話には「泣き虫」など弱々しいものが伝えられているが、剣術を始めてからはその成長が著しく、嘉永六年三月には属していた日根野弁治の道場から「小栗流和兵法事目録」が授けられている。

その目録が授けられた直後に、土佐を出立して江戸へ剣術などの修行に旅立った。その際に父八平から龍馬に渡された「訓戒書」は博物館の重要文化財「坂本龍馬桂小五郎遺墨」の巻物の冒頭に貼り込まれている。その内容は「修行第一」「無駄遣いするな」「色情に迷うな」の三条である。龍馬十九歳の旅立ちに父が末の息子に与えたものであり、その書体からは豪快な父親の性格を想像することができる。龍馬の父八平の筆跡は博物館の「坂本家先祖書」にも見られる。坂本家の歴史はこの先祖書によってある程度知られているのである。

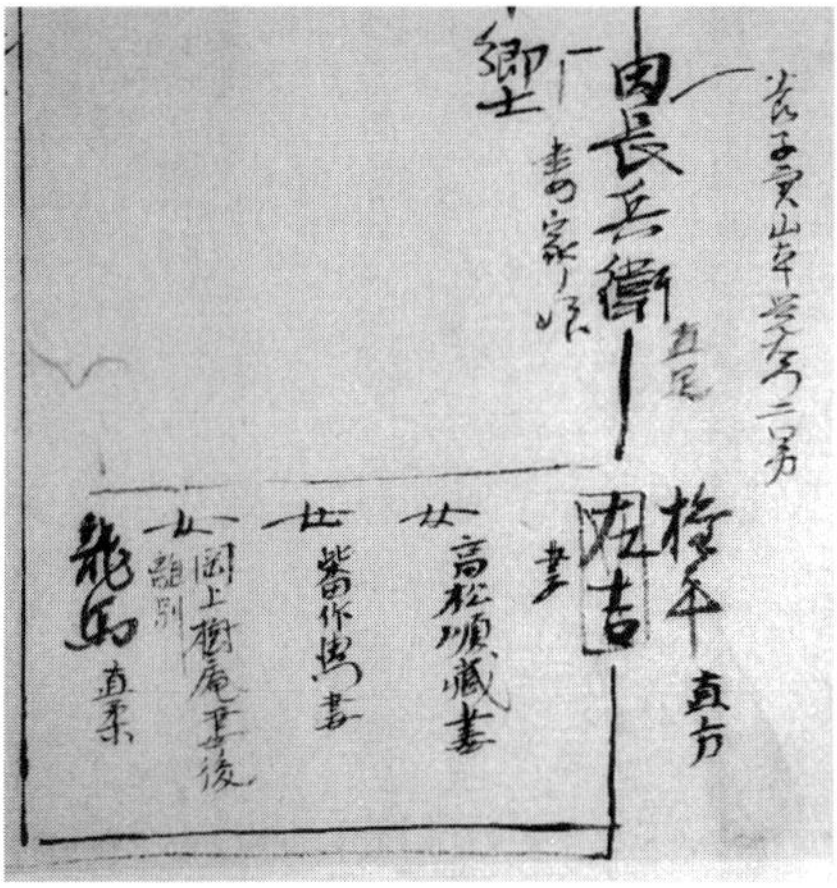

坂本家先祖書（部分）　京都国立博物館蔵

江戸では北辰一刀流の千葉定吉道場で剣術を学んだとされる。龍馬が江戸へ出たこの嘉永六年（一八五三）の六月にはペリー提督が率いる米国艦隊の浦賀来航という大事件が起こった。修行中であった龍馬にこのことが大きな刺激を与えたことは想像に難くない。またこの江戸滞在中の交友関係が後の活躍の基礎を作ったとされる。しかしながら現存する資料には江戸修行中の龍馬の行動や考えを直接的に示すものはほとんど残っていない。「北辰一刀流長刀目録」や龍馬の長姉、高松千鶴が龍馬にあてた手紙（京都国立博物館蔵）があるくらいである。小説やドラマなどではまだ創作する部分の多い段階と言えよう。

一旦土佐に帰国した後、安政年間にもう一度江戸に修行に出た。そして再帰国後には全国各地で巻き起こる尊王攘夷運動の流れに乗って結成された土佐勤王党に加盟した。この勤王党の首領は武市半平太である。文久二年（一八六二）三月、龍馬は土佐藩を脱し浪士として天下を横行することになる。長州・九州・京都・そして江戸へと流浪し、様々な経緯の後、幕臣勝海舟の弟子となり、勝の主導する海軍の創設と修行に専念することになった。

文久三年（一八六三）、江戸から神戸に拠点を移し、幕府が主体で運営する神戸海軍操練所の創設に関わったのである。この神戸の海軍塾には日本各地からの塾生が集まったが、土佐からも龍馬の甥高松太郎などが参加した。この海軍塾への参加メンバーの中から後の亀山社中・海援隊への参加者が生まれたのである。

龍馬が海軍塾の創設に忙しかった文久三年は日本史において特筆すべきことが多い。将軍家茂が三代将軍家光以来の上洛のため江戸を離れた。その警固を目的に江戸から上京した浪士組の一部は京都の壬生で新選組を結成し、後の幕末史に関わってくることになる。また五月には長州が単独で攘夷を決行し、関門海峡の外国船に砲撃を加えた。さらに京都の朝廷では帝の大和行幸を契機に倒幕の機運が高まっていったのである。

文久三年の八月十八日、会津藩と薩摩藩の手によって長州系公卿の参内停止と長州藩の御所警備の停止が武力を背景に実行された。世に言う「八月十八日の政変」である。この結果、京都から尊王攘夷派は一掃された。京都の政局は勤王から佐幕へと大転換したのだ。この政変によって急進的な尊王攘夷派は孤立し、大和での天誅組挙兵などの無謀な蜂起を起こして、幕府軍に攻められて壊滅した。この天誅組には土佐勤王党の吉村寅太郎など、龍馬のよく知る人々も参加していたのである。文久三年の翌年元治元年（一八六四）にはその反動としての長州藩士とそれに共鳴するものとの京都回復計画が準備されたが、新選組による六月五日の池田屋騒動を招いたのである。この事件を契機に長州藩は暴発し、七月には禁門の変を引き起こした。薩摩藩と会津藩を主力とする幕府軍と長州軍とが御所周辺で激戦に及び、その兵火によって京都の半分が焼失したのである。

この禁門の変の参加者に神戸の海軍塾の生徒がいたために塾は幕府から閉鎖を命じられた。龍馬と土佐出身の塾生らは一旦路頭に迷ったが、慶応元年には薩摩藩の西郷吉之助（西郷隆盛）らを説得して長崎で貿易業を主体とする商社「亀山社中」を立ち上げた。その一方で倒幕を目的に長州藩と薩摩藩の同盟に向けた活動を続けた。長州藩への武器供与を長崎で進め、京都と長州を行き来して両藩の融和に努めたのである。慶応二年一月には同盟交渉に上京した長州の桂小五郎らを督促し、歴史的な同盟締結を成し遂げた。

龍馬の活動は反幕府の色彩が鮮明であったため、同盟成立直後の一月二十三日深夜に宿舎としていた京都伏見の船宿寺田屋で奉行所捕吏の襲撃を受けることになった。その際龍馬は手傷を負い、伏見の薩摩藩邸に逃げ込んで匿われたのである。その後、薩摩藩の西郷吉之助や小松帯刀の勧めで鹿児島の霧島温泉などへの療養の旅に向かったのである。妻おりょうとの新婚旅行とされる旅であり、その時の様子は姉の乙女あての手紙に詳しい。

この慶応二年夏には第二次長幕戦争が長州と幕府軍の間で戦われ長州藩の勝利に終わるのだが、龍馬と亀山社中のメンバーは関門海峡で海戦に参加し長州軍の門司上陸を援護したのである。この長幕戦争（四境戦争）の結果、幕府の衰退が明らかとなり、時代は倒幕維新への歩みを速めたのである。

慶応二年十二月には龍馬は兄権平や姉乙女にあててこの年に起こった様々な出来事を長文の手紙で知らせている。伏見寺田屋の難や霧島山への旅行、長幕戦争の様子などを私たちが知ることができるのはこの時の龍馬の手紙が写されたり現存したりするからなのである。

慶応二年後半から慶応三年初めにかけては亀山社中の経営は金銭的に困難を極めていたらしい。それを薩摩藩や土佐藩の出資で立て直しつつあった。慶応三年初めには土佐藩上層部の後藤象二郎らが長崎の龍馬に接近して和解と交易業への土佐藩の進出を持ちかけてきた。土佐藩上士は龍馬ら郷士が属していた土佐勤王党を弾圧したことのあるグループであり、龍馬と後藤象二郎の組み合わせは土佐の姉乙女などから見ればありえないことではあった。しかし龍馬は日本を動かすために土佐藩中枢部と深い繋がりを持つことが重要と考えて提携に踏み切った。亀山社中は土佐藩の出資する会社「海援隊」と改名して活動を拡大したのである。そして龍馬と後藤は手を組んで大政奉還案を推進していったのである。

慶応三年十月、将軍徳川慶喜は京都二条城で大政奉還を表明した。龍馬らの活動の結実であった。その後も龍馬は、幕府に代わる新政府の基礎を作るため朝廷や薩摩などの説得に奔走し続けた。しかし、慶応三年十一月十五日夜、潜伏先の京都河原町の近江屋二階で同志の中岡慎太郎とともに刺客団の襲撃を受けて死亡した。享年三十三歳。遺体は海援隊士らの手で東山の霊山に葬られた。

龍馬が土佐を出奔した文久二年当時、龍馬は年齢が二十八歳、父母はすでになく、兄権平は四十八歳、姉乙女が三十過ぎ、権平のひとり娘春猪は二十歳前後と見られる。また坂本家は裕福であるので女中や使用人がいたであろう。権平は坂本家の長男として篤実な性格であった。また酒好きであったことは龍馬の手紙にも見える。乙女は一度、医師岡上樹庵に嫁いで子供をもうけたが、文久年間には離縁して坂本家に戻っていたらしい。龍馬が最も信頼し、沢山の手紙を送ったのがこの乙女姉であった。ただし残念ながらこの乙女や兄権平が龍馬に送ったであろう沢山の手紙は現存していない。奔走を続けていた龍馬はそれらを京都や長崎あるいは下関に置き捨てていったのであろう。

(二) 博物館と龍馬資料

筆者が坂本龍馬資料と関わることになったのは平成七年に京都国立博物館の学芸課職員として採用されてからである。博物館収蔵の歴史資料を担当することになり、そのとき初めて博物館に坂本龍馬の書簡や遺品が収蔵されていることを知った。もちろん司馬遼太郎の『竜馬がゆく』は以前から読んでおり、龍馬についてある程度は知ってはいたが、このようなかたちで龍馬資料と関わることになるとは夢にも思っていなかったのである。

京都国立博物館では坂本龍馬資料に関してはこれまであまり展示されてこなかった。しかし館外からの借用の依頼は大変多く、戦後から平成七年までの四十年間に三十四回もの貸出を行なっていると記録されている。

平成九年頃から、収蔵された龍馬関係資料を国の重要文化財に指定してはどうかという話があり、その指定準備のために本格的に書簡などの調査に入った。その結果平成十一年春に文化財保護審議委員会から文部大臣に重要文化財に指定するよう答申があり、六月七日に晴れて国の重要文化財に指定されたのである。

京都国立博物館が収蔵し、重要文化財に指定されたものは

1　坂本龍馬関係文書集三巻
2　小栗流目録類三巻
3　梅椿図（血染掛軸）
4　三徳
5　書画貼交屏風（血染屏風）
6　紋服

の六件十点である。この中の1の一巻目に龍馬の心情を表す書簡類八通などが貼り込まれている。

このうち1〜4は昭和六年に北海道札幌市の坂本弥太郎様から寄贈を受けた坂本家伝来の龍馬資料である。また5と6は京都府向日市の井口新助様から昭和十五年に寄贈を受けたものである。井口家は坂本龍馬が暗殺された京都河原町の醤油商近江屋の家であり、紋服や血染屏風以外にも種々の龍馬関係資料などを保管されてきた。

この重要文化財の指定を受けて、平成十一年の夏に約一ヶ月間、記念の特別陳列を開催した。博物館の一部屋のみの展示ではあったが、筆者が担当した最初の龍馬展となったのである。重要文化財の指定を受けた坂本龍馬関係資料の全貌は京都国立博物館が発行している『国指定重要文化財坂本龍馬関係資料』（一九九九）を参照していただきたい。また博物館所蔵の龍馬書簡に関する簡

易な解説書として『坂本龍馬　その手紙のおもしろさ』（二〇〇二）も制作発行している。

この平成十一年以降、基本的に夏ごとに博物館所蔵の坂本龍馬資料を中心とした小規模な展示を行なってきた。京都国立博物館での展示が龍馬ファンに浸透するに従い、また新たな史料の御寄贈や新資料の問い合わせなどが続いている。

本書はそのような龍馬資料との関わりの中で筆者が気づいたり考えたり見つけ出したりした坂本龍馬に関する知見と考えの推移を記したものである。龍馬の書簡の中に見られる彼の本音や人間的魅力に少しでも近づいていけたらと考えている。

第二章　再発見の書簡が解決したこと

㈠　川原塚茂太郎あての書簡を読む

平成十二年の一月に京都国立博物館の筆者の手元に届いた一通の封書。その中に入っていた龍馬書簡の写真はその後の龍馬研究に大きな進展をもたらすきっかけとなった。

手紙が手元に着いた直後には新発見の書状か、と考えていたことは冒頭でも述べたが、やがて日付の差異こそあれ、宮地佐一郎の『龍馬の手紙』（ＰＨＰ文庫）一三番の「元治元年八月二十九日」の書簡そのものであることが分かった。言い訳が許されるなら、書簡の写真のとおり、手紙の終盤に記されていた日付は「八月十九日」であった。宮地氏の『龍馬の手紙』に記載された「八月二十九日」とは異なっていたからである。この日付の違いも後に考えるべきポイントとなる。

まずこの再発見された手紙について解説を加えながら紹介してみたい。ただし今後いくつかの別の龍馬書簡を比較検討のために記述していくので、それらの手紙の間の区別を容易にするために、この川原塚茂太郎あての手紙を「書簡Ａ」と呼ぶことにしたい。

書簡Ａは幕末当時のオリジナルの形状ではなく、後世に巻物に仕立てられている。表装の状態から、昭和になってからそうされたと推測される。長さ二一・五㎝という比較的小さな桐箱に納められていた。箱の蓋の上面には「坂本龍馬先生尺牘」と墨で書かれている（次ページ右図）。

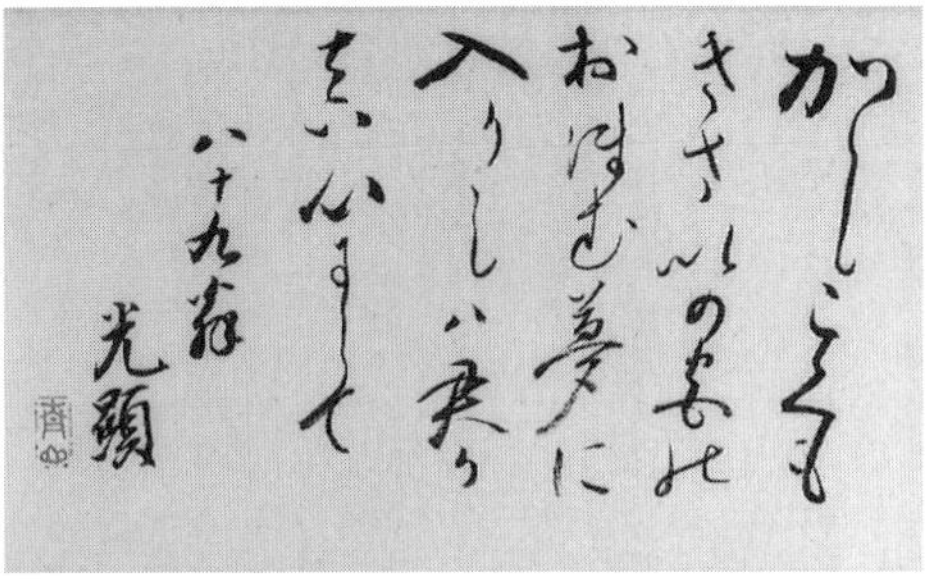

書簡は本紙の縦は一四・八㎝、全長一五一・八㎝。巻子に仕立てられる以前の虫喰痕がいくつか見られる。
龍馬の手紙を挟んで巻子の冒頭には田中光顕の和歌（同ページ左図）、末尾には海軍軍人永野修身の漢詩が貼り込まれている。いずれも龍馬をたたえる内容である。田中光顕の署名は八十九翁となっているので、昭和六年に書いたものと推測される。
田中光顕（一八四三～一九三九）は土佐高岡郡佐川出身で幕末に土佐勤王党の一員であった。長州との関係が深く、龍馬とも交流があった。幕末には田中顕助の名で活動していた。幕末維新の風雲の中、様々な理由で数多くの死者を出した土佐勤王党のわずかな生き残りであった。田中は明治維新後に栄達し宮内大臣などを務め、昭和十四年、九十七歳まで生きた。そして坂本龍馬をはじめとする土佐出身の志士らの顕彰作業に力を注いだのである。その田中が序歌を書いていることでも龍馬の真筆であることは疑いない。
巻子の冒頭に貼り込まれた田中光顕の和歌は、明治三十七年の日露戦争開戦時に明治帝の皇后の夢枕に坂本龍馬が現れて、日本海軍の勝利を予言したという有名な話を詠んだものである。

「かしこくもきささきの宮のおほん夢に入りしハ君が真心にして　八十九翁　光顕」

龍馬の手紙（書簡Ａ）そのものはこのように昭和十年代には高知県にあって人々に知られており、旧土佐藩主の山内家の史料収集にあたって調査員によって筆写された。その結果「山内家史料『幕末維新』第七編」に収録され、そして宮地佐一郎の『坂本龍馬全集』・『龍馬の手紙』に活字でのみ掲載収録されたのである。

一方、手紙の原本は件の高知市出身者が太平洋戦争の後に東京に転居された際に保持され、研究者などにはながく所在が分からなくなっていたのである。およそ六十年の時を経て、平成十二年に至り、御子孫が京都国立博物館へ手紙で問い合わせた。そして再び世に知られるようになったという次第である。この手紙の伝世の経緯については筆者が御所蔵者から直接お伺いしたことである。


この手紙の宛名として、文末近くに「茂太郎様」と記されている。龍馬の親戚である土佐の川原塚茂太郎あての手紙であることが分かる。

川原塚茂太郎（かわらづか もたろう）は高知城下南奉公人町に住む郷士。天保元年（一八三〇）生まれ。文久元年に土佐勤王党に加盟した。また龍馬の兄権平の妻千野の弟にあたる。この書簡Ａが書かれた文久三年（一八六三）当時には千野は亡くなっていたが、権平のひとり娘春猪にとっては母方の叔父になる。坂本家の親戚であり、茂太郎は権平よりは年下、龍馬よりは年上であった。川原塚茂太郎が龍馬の良き相談相手であったらしいことはこの手紙の文面から推測される。また春猪の母方の実家の当主として姪である春猪の結婚問題などには重要な役割を果たす立場であったことも推測される。そのことは書簡Aを読んでいく上で念頭に置いていただきたい。

まず手紙の原文を24〜29ページに記す。手紙には一部に虫喰による欠損があるが、復元されている。〈　〉内の部分がそれである。

手紙に即して読んでみよう。

最初の三行にはこの手紙の主旨が記されている。

「この手紙は京都にいる家兄（兄の坂本権平）から（龍馬のいる）大坂まで送られてきた手紙について差し出した（私、龍馬）の「存意書」です。」と記している。

文久三年三月から八月頃、龍馬の兄坂本権平は土佐藩の仕事のため上京し、京都の土佐藩邸にいたらしい。すなわち権平は土佐からではなく京都から龍馬のいた大坂へ手紙を出したのであろう。そしてその兄の手紙に対する龍馬の考え、すなわち自分の「存意」を、土佐にいる親戚の川原塚茂太郎に書き送ります、という書き出しなのである。兄権平から龍馬にあてたその手紙そのものは残っていないのだが、この手紙の文面からその内容を想像することができる。龍馬はなぜ自分の「存

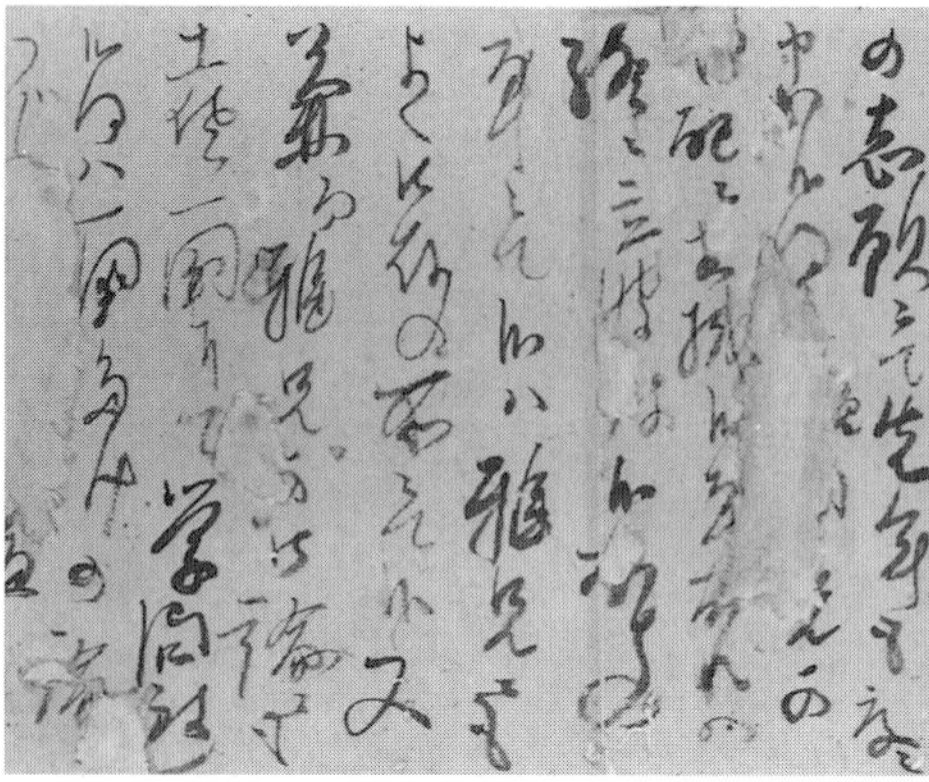

書簡A　文久三年八月十九日　川原塚茂太郎あて　東京・個人蔵

家兄より〈京〉より大坂まで
おこし候文ニ付でさし
出申候存意。
○彼養子のつがふハ積年
の志願ニて、先年も度々
出申候得〈とも兎角、兄〉が
心配ニ相掛候事なれバ、
終ニ立腹致候ほどの
事にて候ハ雅兄ニも
よく御存の所ニて候。又
兼而雅兄が御論にも
土佐一国にて学問致し
候得バ一国だけの論

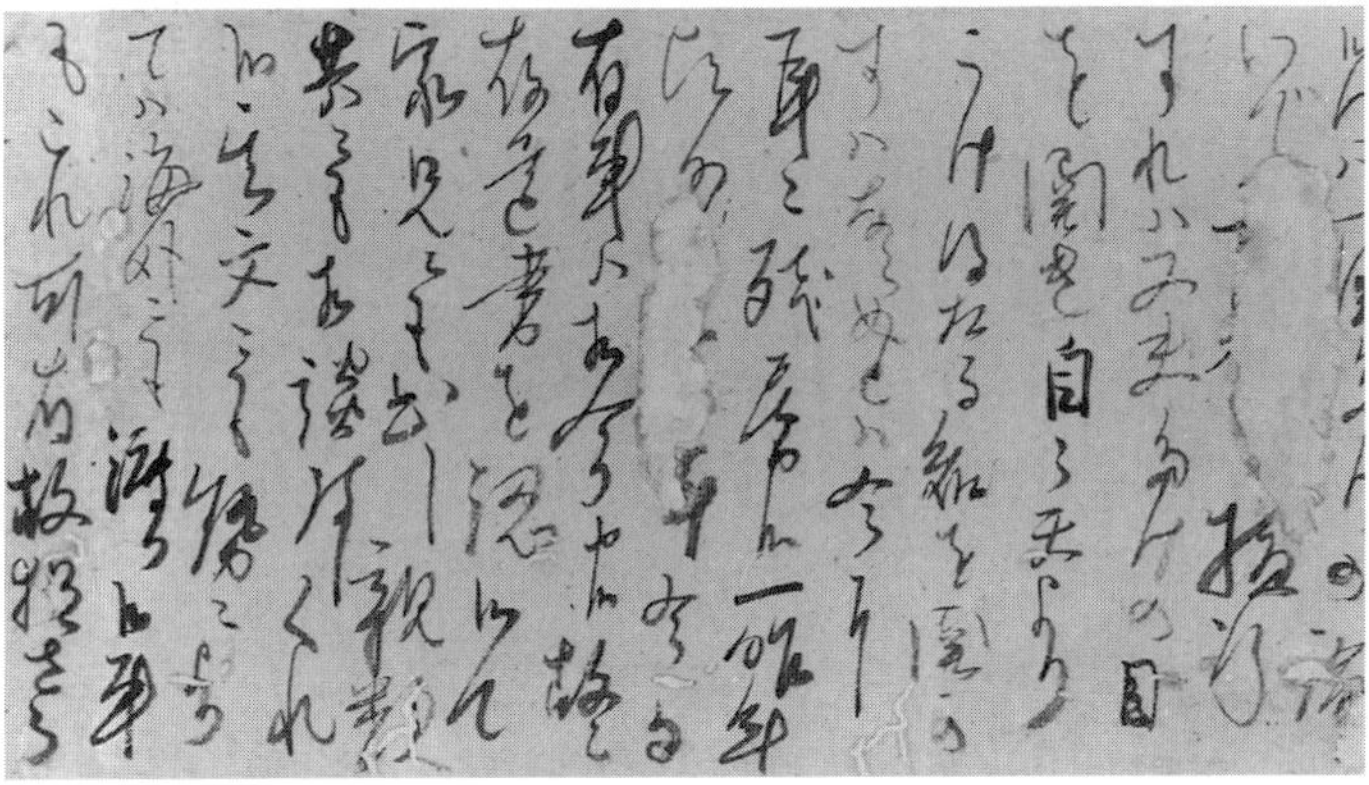

いで〈ず、世界を〉横行
すれバ又夫だけの目
を開き、自ら天より
うけ得たる知を開か
すハならぬとハ今に
耳ニ残居申候。一昨年
頃〈にも今年〉今日
有事ハ相分り申候故ニ
存意書を認候て
家兄ニも出し、親類
共ニも相談致しくれ
候。其文ニも勢ニより
てハ海外ニも渡り候事
もこれ可有。故猶さら

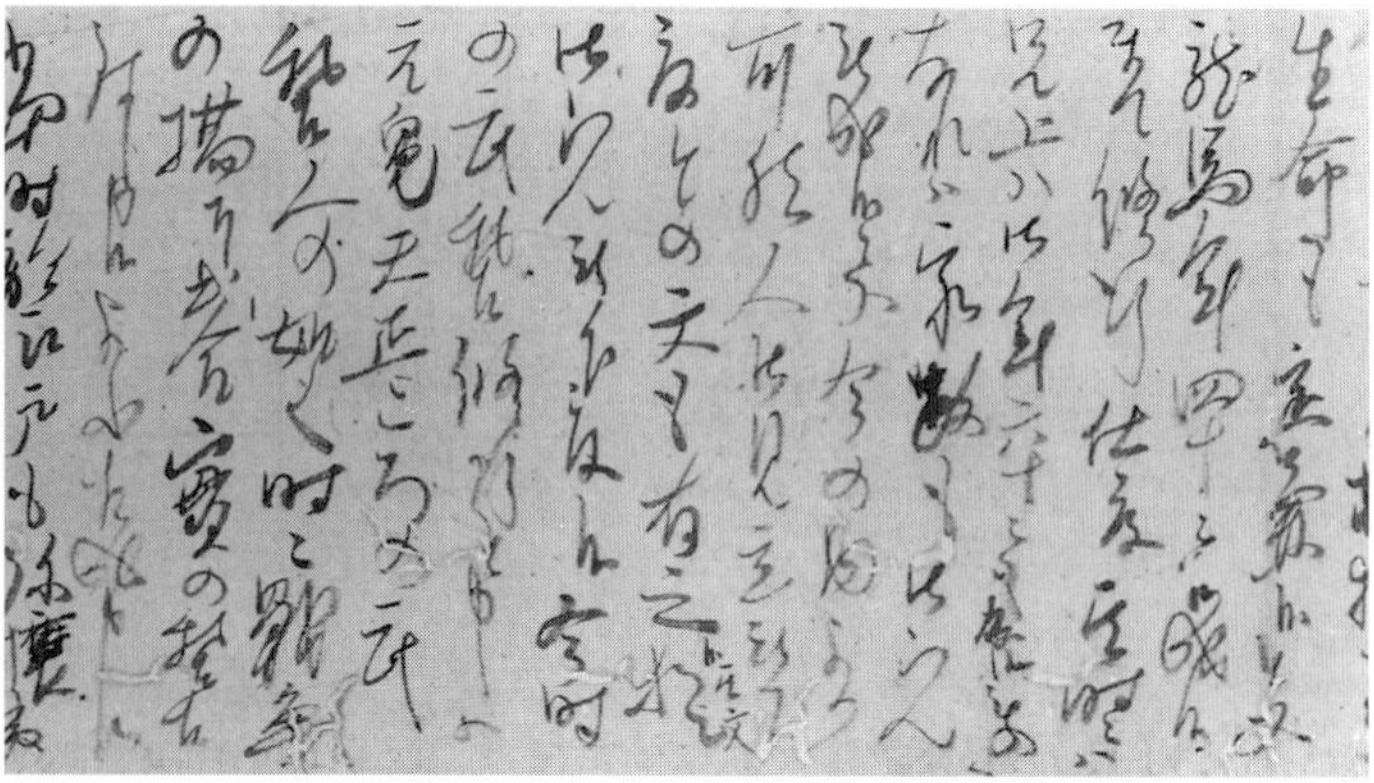

生命も定兼候と。又
龍馬年四十ニ相成候
まで修行仕度、其時ニハ
兄上ハ御年六十ニも及候もの
なれバ家政も御らん
被成候ニハ今の内より
可然人、御見立被下
度との文も有之候。其文猶
御らん被下度候。今時
の武稽修行と申ハ
元亀天正ころの武
稽人の如く時ニ戦争
の場に出合、實の稽古
致し申候よふ相成申候。

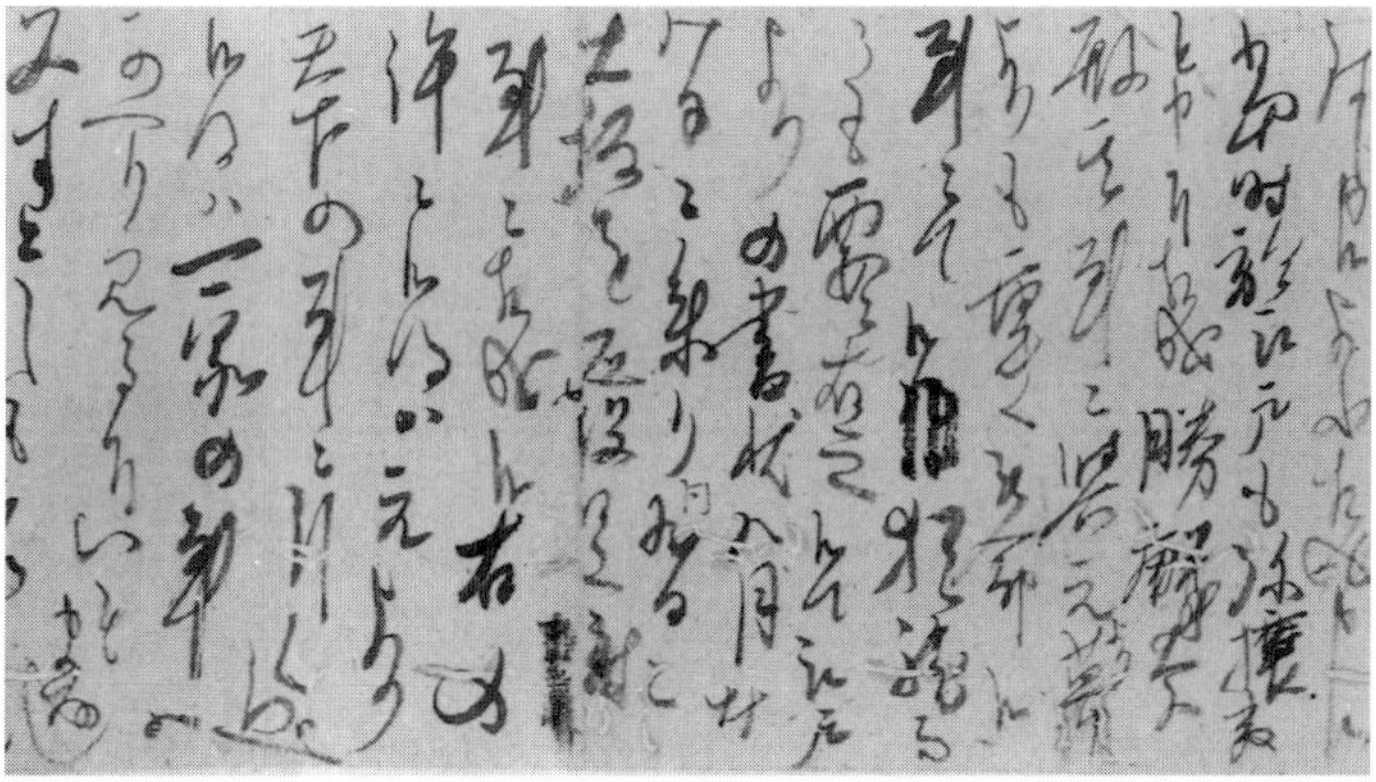

當時於江戸も弥攘夷
と申に相成、勝麟太郎
殿其事ニ與。元より幕
よりも重く被命候
事ニて候。猶龍馬
らも要々有之候て江戸
よりの書状八月廿
八日ニ参り、同九日ニ
大坂を發足致
事ニ相成候。右の
許ニ候得バ元より
天下の事ニ引くらべ
候得バ、一家の事ハ
かへり見るにいとまなし。

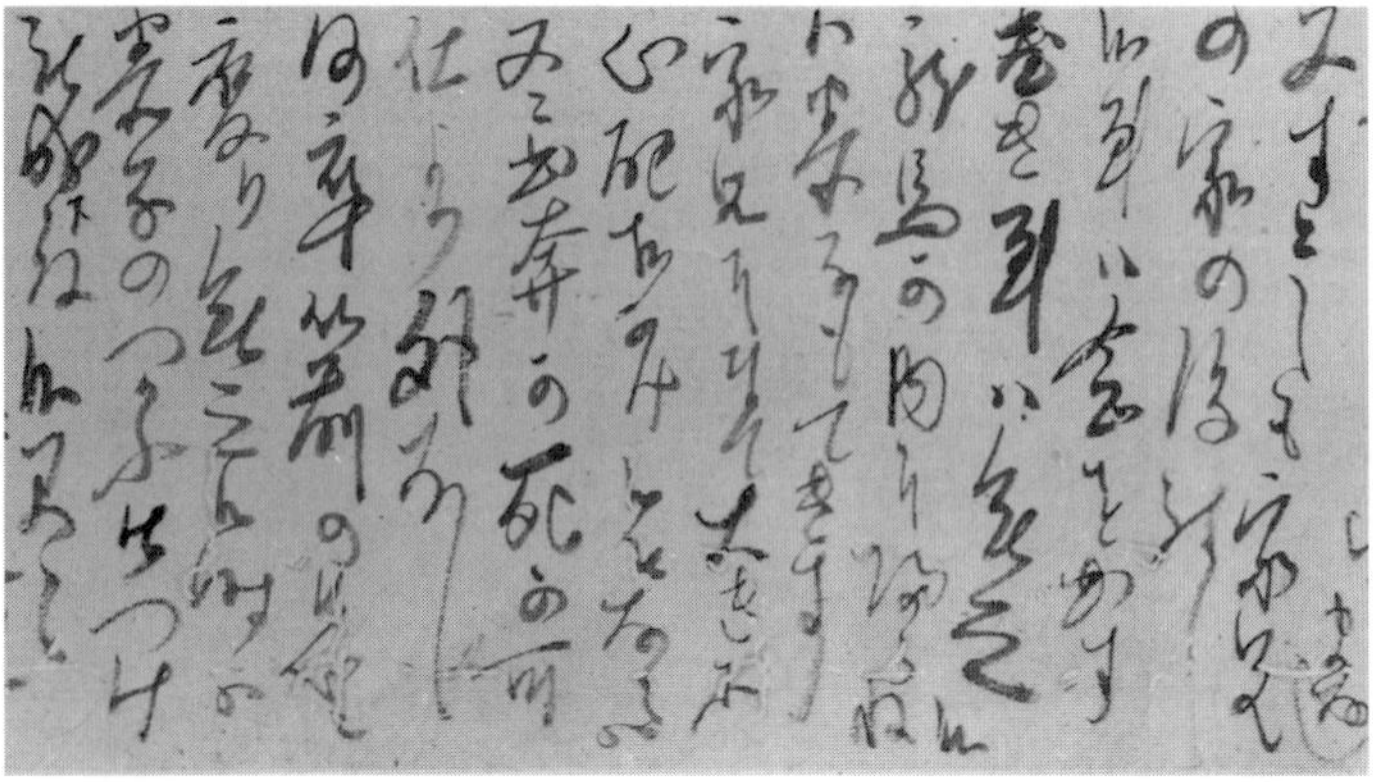

又すこしも家兄
の家の役致し
候事ハ念を出す
べき事ハ無之候。
龍馬が内に帰らね
バ養子もできず、
家兄にまで大きに
心配相かけ候とならバ
又々出奔か死か可
仕より外なし。
何卒以前の御心ニ
変り無之候時ハ
養子のつがふ御つけ
被成下度候、早々

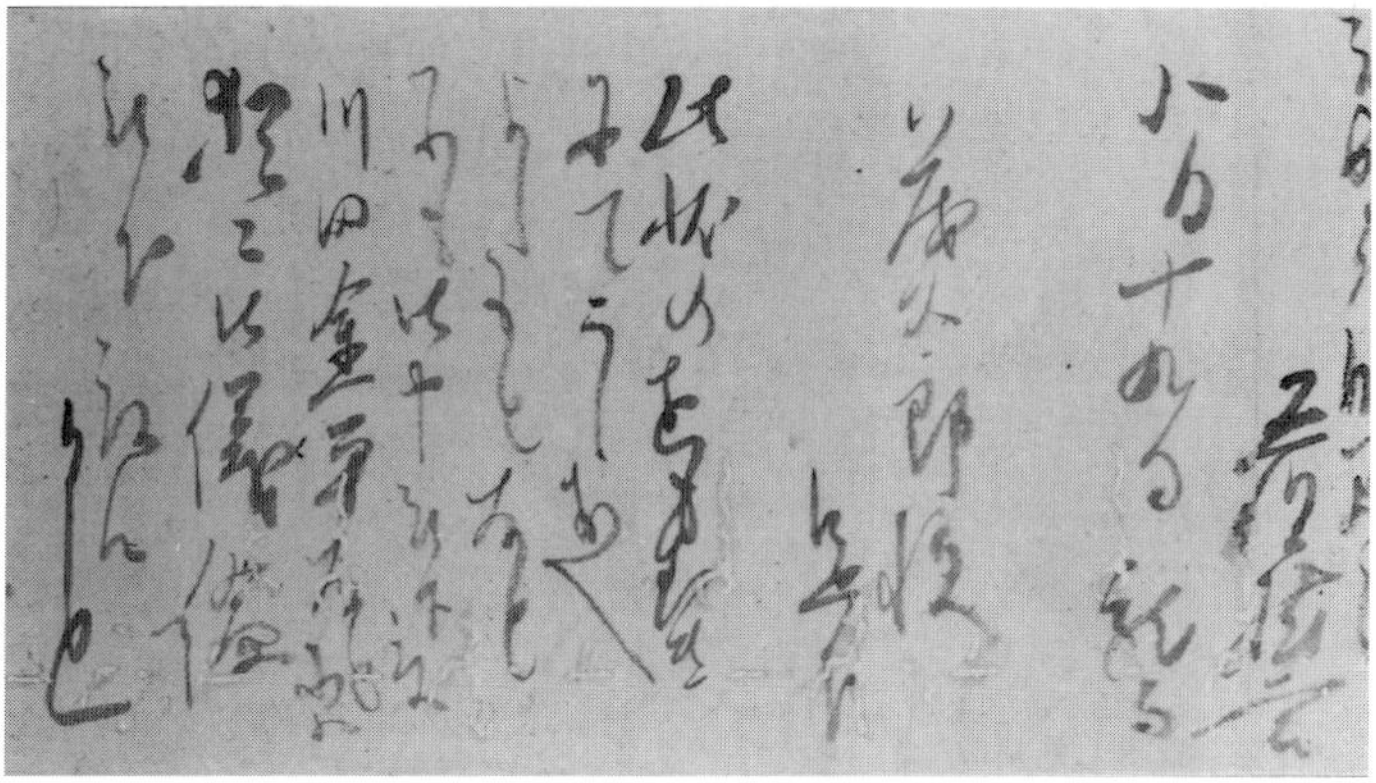

恐惶謹言

八月十九日　龍馬

茂太郎様

足下

此状のをもむき

にてうしおへ

よしもとなど

にも御申被下度、

川田金平などにハ

猶々御議論

被下度候

かしこ

意」を川原塚茂太郎に書いて送らねばならなかったのか？その真意を考えながら読んでいきたい。

四行目は○印で始まる。龍馬の書簡にしばしば見られる癖である。そして「かの養子の都合は積年の志願にて」とあり、この手紙の本旨が「養子」問題であることを切り出している。いったい誰が誰の養子なのか？

「その話は先年からたびたび出ていることではありますが、兄が心配し、ついには腹を立ててしまったことは雅兄（茂太郎さん）もよくご存知のことでしょう。」

続いて「また以前からの茂太郎さんの御意見にも、土佐一国の中だけで学問すれば一国だけの論を出ない。広く世界に出て渡り歩けばそれだけ目を開き、自分の力で天から受け得た知を開かなければならない、とおっしゃったことは今でも私龍馬の耳に残っています。」

「一昨年頃（にも、今年）今日有ることは分かっていたので（自分が脱藩して土佐を去ることを考えていたので、か）存意書を認めて兄権平にも出し、親類どもとも相談して欲しいと書きました。その手紙にも、勢いによっては海外に渡ることもあるでしょう。故になおさら生命も定めかねます、と記しました。」

「また、私龍馬が四十歳になるまでは（海軍の）修行をしたいのですが、その時には兄上は六十歳にもなってしまっているので、坂本家の家政をうまく見ていくには（龍馬が土佐に帰ってくるのを待たずに）今のうちから然るべき人を御見立て下さいとの文も出しました。その手紙も御覧下さい。」

また「今時の武芸の修行と申しますものは戦国時代の末期、元亀天正頃の武士のように、時に実際の戦争の場に出会い「実の稽古」つまり実戦練習するようになってきています。」

また「（五月の長州での攘夷決行などを受けて）今まさに江戸に於いてもいよいよ攘夷ということになり、（私の先生である）勝麟太郎殿（勝海舟先生）がそのことを担当しています（弟子である私はもちろん従って行きます）。これは元より幕府から重く命ぜられたことであります。また私らも要々之有り、江戸からの書状が八月廿八日に参り、同九日に大坂を出発することになりました。」

「右のような事情です。元より天下のことの重要性と比べれば坂本家のことはかえりみる時間はありません。また少しも家兄の家の役をすることは念を出すことはないのですが（この部分やや意味不明）。龍馬が土佐の坂本家に帰らなければ養子もできず、権平兄さんにまで大いに心配をかけてしまうとなれば、またまた出奔（脱藩）か、死ぬるかほかはありません。何卒以前の御心に変わることがないのでしたら、養子の都合をおつけ下さるようお願いいたします。恐惶謹言。

八月十九日　　龍馬

茂太郎様

足下

この手紙の主旨にて潮江のよしもとなどにも御申し下されたく、また川田金平などともなおなお御議論下されたく存じます。かしこ」

書簡Aの内容はこのようなものであった。

この手紙が書かれたのは後述するように、以前推定されていた元治元年（一八六四）ではなく、一年前の文久三年（一八六三）のことであった。

手紙の末尾の近くに「八月十九日」の日付が明記されている。しかし本文の途中に「江戸よりの書状が八月廿八日に参り、同九日に大坂を」という記述があり、先後関係に矛盾がある。どちらかが誤りなのであろう。この手紙を書き起こした山内家史料の調査者は末尾の日付を誤りと見なして「八月廿九日」に改めたと考えられる。それがそのまま宮地佐一郎の『龍馬の手紙』に反映されたのである。

しかしながら、江戸からの書状が「七月廿八日」に着いた可能性や、この手紙の本当の日付が「九月十九日」である可能性も考えられよう。仮に文久三年の「九月十九日」の手紙とすると大和での天誅組の挙兵に触れるであろう。しかしその気配はない。また「八月廿九日」に書かれたとすると京都でのクーデター「文久三年八月十八日の政変」に触れる可能性があるのに、その記述もない。したがって筆者は書かれたままの「八月十九日」を支持したい。すなわち江戸からの書状が「八月廿八日」に届いたという手紙中ほどの日付の方に何か誤りがあったと考えておきたい。

また、宮地氏が『龍馬の手紙』で位置付けた元治元年（一八六四）ではなく一年前の文久三年（一八六三）の手紙であることは「当時江戸に於いてもいよいよ攘夷」との文言から分かる。文久三年は五月の長州藩の関門海峡での攘夷決行、すなわち外国船への砲撃や鹿児島湾で薩摩藩と英国との間に戦われた薩英戦争など「攘夷」という言葉がキーワードだった年なのである。

この手紙をさらにもう一年前の文久二年（一八六二）の八月に置くこともできない。龍馬は文久二年三月に土佐を出奔（脱藩）していたのだが、その年の八月にはまだ勝海舟の弟子となってはいないからである。また宮地氏が『龍馬の手紙』で置いていた元治元年八月の手紙とすると、京都で戦闘が行なわれた大事件である「禁門の変（蛤御門の変）」の約一ヶ月後の手紙ということになり、手紙で「攘夷云々」と書くような状況にはない。もっと別の意味で緊迫していたはずである。このように当時の時代状況を検討していった結果、この再発見された川原塚茂太郎あての書簡Aは文久三年八月に位置付けるのが妥当であることが分かった。

本書簡を元治元年ではなく、文久三年八月のものとすることはこの書簡が現れた後、宮地先生をはじめ龍馬研究者の間でも検討の上で認められたことである。

さて、この手紙が日付どおり八月十九日なのであれば、京都禁裏を巡る一大クーデターである「文久三年八月十八日の政変」の翌日にあたる。長州を中心とする急進的な尊王攘夷派が薩摩藩と会津藩によって実力で宮中から排除され、東山の妙法院で対策を練り、そして長州への撤退を決断した、まさにその日に書かれた手紙ということになる。もちろん大坂であわただしく書かれたと見られるこの龍馬の手紙にその情報は反映されてはいない。

(二) 坂本家の養子問題

再発見されたこの書簡Aの主旨は坂本家に養子を迎える問題であった。そして最も重要なポイントは龍馬自身がその養子の候補だったということである。

この手紙から約百四十年を経た現代に生きている私たちは「龍馬の兄権平のひとり娘の春猪、すなわち龍馬の姪に鎌田家の清次郎が婿養子にきた」という歴史の結果をあらかじめ知っている。それだけにすぐには理解され難かったのであるが、この書簡Aをよく検討すれば、龍馬自身が文久年間に坂本家の後継者候補であったということが明らかである。そしてその観点から龍馬のほかの手紙にも新たな解釈が可能となってきたのである。

この書簡Aの前半では「養子の都合は積年の志願で」、「兄権平が終に立腹」、後半部分には「天下のことに引き比べ、一家のことはかえりみるいとまなし」、「龍馬が家に帰らねば養子もできず」などとある。兄坂本権平は弟の龍馬を坂本家の後継者にと龍馬の土佐出奔（脱藩）の以前から強く望んでいたことが分かる。そしてそれを龍馬が拒否し続けていて、兄権平を「立腹」させていたことも推察されるのである。

龍馬は兄の権平とは親子ほども違う二十歳もの年齢差がある。考えてみれば坂本家の後継ぎとなってもおかしくはない。権平のひとり娘春猪に婿養子を取るのが必ずしも順当とは言えないのではなかろうか。権平は龍馬を高く評価し、坂本家の後継ぎにしようとずっと考えていたのであろう。ただし龍馬の父八平（坂本長兵衛）もまた坂本家の婿養子であったので、婿養子を取ること自体は家を守ることが第一である当時の状況として決して不自然なことではない。

龍馬が後継者として土佐の坂本家を継ぐ。仮にそのような話が全然なかったのならば龍馬がこの書簡Aを書く理由はなくなるのである。土佐を出奔した龍馬とは全く関係なく、坂本権平は娘の春猪に婿養子を取れば良いのである。龍馬に相談する必要もなく、また龍馬が養子の話を親戚に懇願する必然性もないのではなかろうか。

この手紙が書かれた前の年、文久二年三月に龍馬は土佐西方の国境を抜け長州下関を目指した。土佐藩士ではなくなり、浪人となって天下を横行するようになったのである。文久二年の終わり近くには江戸で幕臣勝海舟に弟子入りしている。海軍の創設と修行という目標を得て、晴れ晴れとした気分となっていたようだ。天下国家のための自分の活動がようやく始まったばかりである。このような時期（文久三年三月）に坂本家の後継者として土佐に帰ることを兄権平と「約束」してしまい、それを重荷に感じて川原塚茂太郎に「然るべき養子の都合」をつけてくれるように繰り返しお願いした。再発見された手紙の意味はそのようなものと考えられるのである。

では兄権平と龍馬の間に交わされた約束とはどんな内容であったのだろうか。それは龍馬が脱藩後初めて姉乙女に出した大変有名な手紙から想像することができる。

その手紙は京都国立博物館が保管する「国指定重要文化財　坂本龍馬関係資料」のうちの書簡集一巻の末尾に貼り込まれた短い手紙である。龍馬が土佐を脱藩したほぼ一年後の文久三年三月二十日に姉の乙女へ出したもので、川原塚茂太郎あての書簡Aの約五ヶ月前の手紙となる。龍馬ファンならばよくご存知の有名な書簡であるが、坂本家の後継ぎ問題の観点から見るとその内容にも新たな解釈が可能となってきた。

この手紙（以下、書簡Bと呼称する）の原文を38～39ページに記した。

現代語風に直せば、

「さてさて、人間の一生は合点の行かないのは元よりのこと、運の悪いものは風呂から出ようとして金玉をつめ割って死ぬようなものもいます。

それと比べれば私などは運が強く、なにほど死ぬような場面に出ても死なれず、自分で死のうと思ってもまた生きなければならないことになり、今では日本第一の人物勝麟太郎殿（勝海舟）という人の弟子になり、兼ねてしようと思っていたこと（海軍の修行）に精を出しています。そのため私は四十歳になる頃までは家には帰らないようにするつもりです。兄さんにも相談いたしたところ、この頃は大分とご機嫌が良くなり、そのお許しが出ました。国のため天下のため力を尽くしております。どうぞお喜び下さいますようお願いいたします。かしこ。

三月二十日

龍（龍馬）

乙様（乙女様）

お付き合いの人でごく心安き人には、内々お見せ下さい。かしこ。」

出奔後初めて実家に出した手紙。人生の師に出会い、行動の目標を得た喜びが行間に溢れている。卑近な喩えを用いた龍馬らしい表現の見られる手紙で、彼の書簡を代表するもののひとつと言えよう。書かれたのは京都あるいは大坂・神戸であろう。

この手紙で注目されるのは中盤に書かれた「私は四十歳までは家には帰らないようにするつもり」という部分である。「四十歳」という年齢は川原塚茂太郎あての書簡Ａでも見られた数字である。書簡Ａの中盤に「龍馬年四十になるまでは修行したく、そのときは兄上は御年六十にも及ぶ」と記

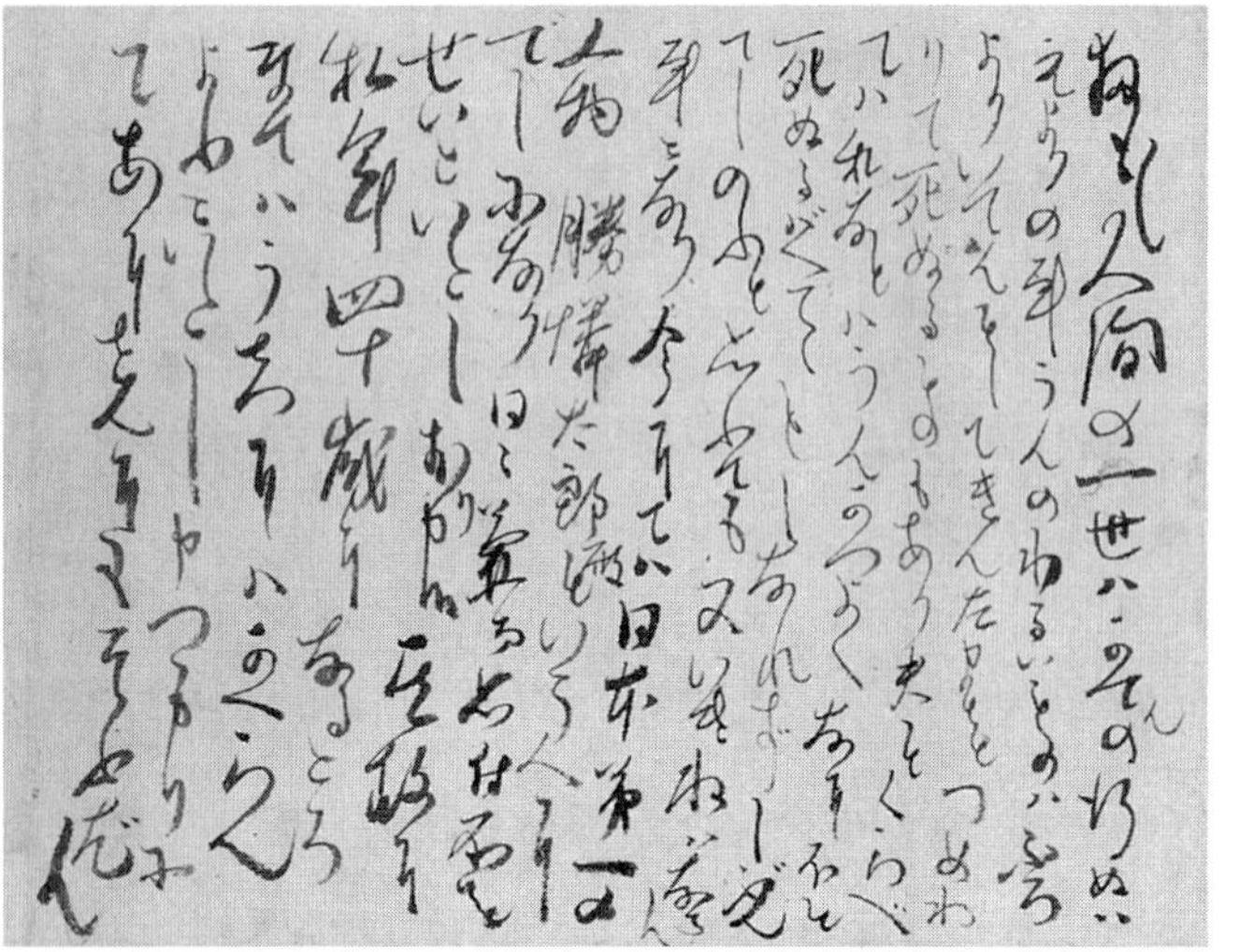

書簡B　文久三年三月二十日　乙女あて　京都国立博物館蔵

扨も〳〵人間の一世ハがてんの行ぬハ
元よりの事、うんのわるいものハふろ
よりいでんとして、きんたまをつめわ
りて死ぬるものもあり。夫とくらべ
てハ私などハ、うんがつよく、なにほど
死ぬるバへでてもしなれず、じぶん
でしのふと思ふても又いきねバならん
ことになり、今にてハ日本第一の
人物勝憐太郎殿という人に
でしになり、日々兼而思付所を
せいといたしおり申候。其故に
私年四十歳になるころ
までハ、うちにハかへらん
よふニいたし申つもりに
て、あにさんにもそふだん

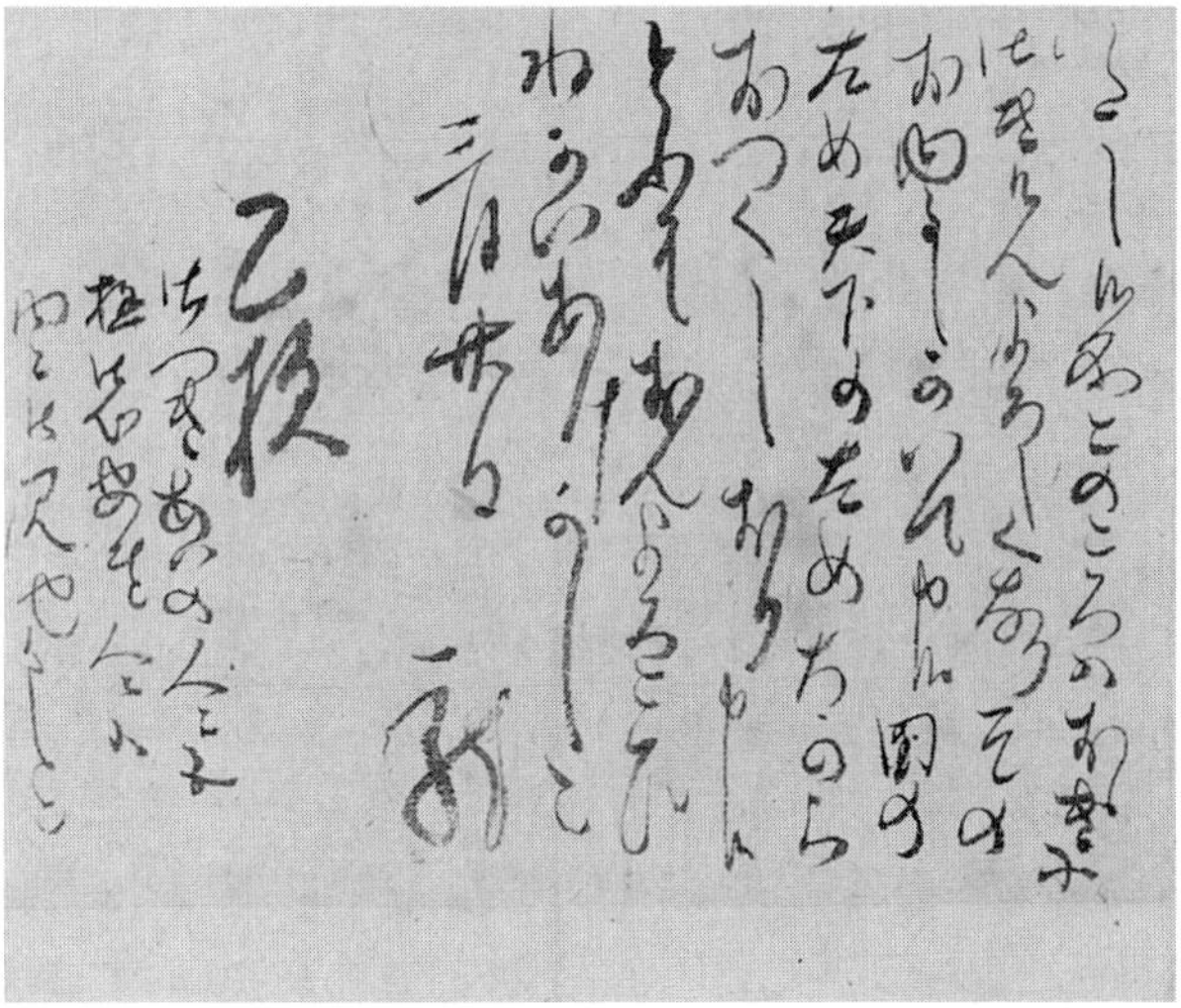

いたし候所、このころハおおきに
御きげんよろしくなり、その
おゆるしがいで申候。国の
ため天下のためちから
おつくしおり申候。
どふぞおんよろこび
ねがいあげ、かしこ
三月廿日

龍

乙様
御つきあいの人ニも
極御心安き人ニハ
内々御見せ、かしこ

されている（26ページ）。この「四十歳」というキーワードはまた別の書簡にも見られるものであって、龍馬にとって気にかかる重要な年齢であった。

文久三年三月二十日付の乙女あてのこの手紙（書簡B）に見られる「兄さんとの相談」とは、先にも述べた坂本権平の上京によって、文久三年の三月上旬頃に京都で兄権平と弟龍馬が脱藩後初めて再会し、そこで行なわれた相談のことであった。

坂本龍馬の土佐からの出奔（脱藩）はもちろん藩から見て重罪であり、坂本家にとっても藩から咎めを受ける行為であった。坂本権平には大きな迷惑であっただろう。しかし勝海舟と松平春嶽のとりなしで一応龍馬の土佐藩脱藩の罪は許されていたらしい。そのような文久三年三月に京都で再会した兄弟の間でなされた「相談」、その内容とは次のようなものであったと想像されるのである。

まず龍馬は土佐出奔のことで坂本家にかかった迷惑を兄に詫び、あわせて幕臣勝海舟のもとで海軍の修行をする許しを得ようとしたのであろう。脱藩したとはいえやはり家長の兄と弟の関係である。兄の許可が欠かせないのはその時代の規範なのであろう。「このごろは大いにご機嫌よろしくなり」という表現は、それまで兄権平は色々と機嫌が悪かったということを示している。

「脱藩までして何をするのか？」との兄の問いに対して、先生である勝海舟のこと、海軍修行の内容などをこと細かに説明したのであろう。その結果、兄権平から海軍の修行をしても良いという「お許し」が出たのである。その際に兄権平が出してきた許可の条件、それは手紙には明記されていないのだが、おそらく「お前（龍馬）が四十歳になったら土佐に帰って坂本家を継げ」というものだったと推測されるのである。

この話し合いが行なわれた文久三年三月には龍馬は二十九歳。あと十年は龍馬の自由にして良いが、四十歳になれば土佐の坂本家を継ぐ、というのが海軍修行を許す兄の出してきた条件ではなかったかと考えられるのである。

この京都での兄弟話し合いの際、龍馬は出奔で家族に迷惑をかけたという負い目があったために兄権平が提示した条件を無下には拒否できなかったのであろう。推測ではあるが、兄権平の面前で龍馬は一応は「うん」と承諾したものと思われる。その結果が三月二十日付の乙女あて書簡Bの「私年四十歳になるころまでハ、うちにハかへらんよふニいたし申すつもりにて」の文言となったのではなかろうか。

この文久三年三月二十日付の手紙（書簡B）だけを読めば「家には帰らない」を、脱藩までして天下で活動しようとした自己の決意のほどを示すために「しばらくは帰省しないつもりだ」と宣言したと理解することも可能である。それが従来の一般的な解釈であったのだ。しかしながらその言葉の真意は坂本家の後継者としての役割を覚悟したということではなかったか。

文久三年（一八六三）の三月、兄権平の面前では坂本家の後継ぎとなることを承諾したかたちの龍馬ではあったが、その本心は全く別のものであったことは再発見された川原塚茂太郎あての手紙に明らかである。この書簡Aの中で、神戸海軍塾での海軍修行のうちには（船に乗って）「海外に渡ることもあるだろうから、生命も定かでなく」とか、「四十歳で（私が土佐に）帰るにしても、兄上はその時もう六十歳（と高齢）なので（兄がしっかりしている）今のうちに別の然るべき養子を取った方が良いのでは」とか、「今時の海軍の修行というのは戦国時代（元亀天正の頃）のように実戦そのものが練習になるかもしれない（つまり私龍馬はいつ命を落とすか分からない）」など、くどくどと自分をあてにしていると坂本家は困ることになると述べている。そして「（坂本家の）養子の都合」をつけて欲しいと川原塚茂太郎へ頼んでいるのである。この養子を頼む話を龍馬が直接兄権平にすることがなかったのは、一応兄の面前では自分が後継ぎとなることを承諾していたからにほかならない。

兄権平の立場にたつと、三月に京都で面会した龍馬が念願どおり坂本家の後継ぎとなることを明言したので「ご機嫌がよろしく」なったのである。またその結果を乙女や春猪のいる土佐の坂本家へも手紙で伝えたことであろう。そしてさらに、自分のひとり娘の春猪を他家へ嫁に出す準備を始めたのではなかろうか。

春猪を嫁に出す。それは龍馬が後継ぎとなって土佐へ帰ってくることと表裏一体の関係にある。龍馬が帰ってくる場所をあけるためにも権平は春猪を嫁に出しておかねばならないのである。

文久三年のこの頃、二十歳前後と見られる姪の春猪が権平の考えどおり他家へ嫁いでしまえば、龍馬が土佐へ帰って坂本家を継ぐということは選択の余地のない確定事項となってしまう。もう龍馬以外に身内はいないのである。その状況になることを避けたいために、春猪の後見人である川原塚茂太郎へ養子を取る話を懇願した、というのが書簡Aの本質なのであろう。手紙の文面に余裕がなく、切羽つまった感じが漂っているのは、土佐で春猪の結婚話が具体的な話として進んでいたからではないかと想像される。あるいは兄権平が大坂の龍馬に出したと見られる手紙にそのことが記されていたのかも知れない。

実は書簡Aには「春猪」という名前は全く出てこない。「春猪に婿養子を」とは書かれていないのである。「養子の都合」という言葉が文中に繰り返されるだけであった。しかし坂本龍馬が川原塚茂太郎に坂本家の養子の段取りを頼むということは、すなわち春猪に婿養子を取ることを依頼していると考えて間違いないことである。

この坂本家の養子問題について触れた龍馬の手紙がもう一通ある。同じ年、文久三年九月頃に書かれたと推定される乙女・春猪あての手紙である。それは現在高知市の弘松家に伝わっている。弘松家は坂本家の親戚であり、その龍馬書簡も、もとは坂本家に伝わっていたものであった。

この弘松家所蔵の龍馬書簡（以下、書簡Cと呼称）には年号や日付は記されていないのだが、文面に「先日、大和国ニてすこしゆくさ（戦）のようなる事これあり。其中に池内蔵太、吉村虎太郎、（中略）先日皆、うちまけ候よし」とあることから文久三年八〜九月の大和天誅組挙兵の敗退を聞いた後の手紙であることが分かる。宮地氏の『龍馬の手紙』では「推定文久三年秋頃」とされている。吉村寅太郎ら土佐出身者を多く含んだ天誅組が大和で挙兵したものの、あっけなく幕府軍に敗れた。その結果、土佐関係者の多くが戦死したことを「あわれ」に思い、「龍馬自身が指揮をしたならば追っ手の幕府軍を打ち破ったのに」と記している。発信地は江戸である。内容と条件から見て手紙が書かれたのは文久三年の九月頃とするべきであろう。

この書簡Cの末尾に小さく書かれた追伸部分が重要である。『龍馬の手紙』によれば次のようなものである。

「猶かの柳のようじのつがふの事ハ、
おもわくいつふハいの所は川らづか
まで申やり候。其文御らん〳〵。」

このままでは分かり辛いので改めれば「なおかの「柳の」(この部分挿入。意味は不明。あるいは「柳」ではなく「私」か)養子の都合のことは、思惑一杯のところは川原塚まで申しやりました。その文を御覧下さい」となるであろう。

ひらがなで「ようじ」とはあるが「用事」ではなく「養子」と読むべきである。それはその下に「つがふ＝都合」と続くことから分かる。川原塚茂太郎あての書簡Aに二度用いられた「養子の都合」と全く同じ語句と見られる。

すなわち文久三年八月に川原塚茂太郎にあてて坂本家の「養子の都合」を懇願し（書簡A）、約一ヶ月後に乙女・春猪あての手紙に「養子の都合に関する自分の意見、思惑は川原塚まで書き送ったのでその手紙（書簡A）を見て欲しい」と書いたのである（書簡C）。二通の手紙は深く関連している。川原塚茂太郎あての書簡Aには大坂から江戸へ行く直前だと書き、九月頃の乙女・春猪あての書簡Cには今江戸に来ています、と記していることも二つの手紙の整合性を示している。

乙女と春猪あての手紙に養子問題についての自分の存念を直接記さずに、親戚の茂太郎あての手紙を読んでくれと記したのは、坂本家の乙女・春猪あての手紙だと兄権平の目に触れる可能性があり、それをはばかったためと考えられる。すなわち兄権平はあくまでも龍馬を後継ぎにする考えにこだわっていたのであろうし、龍馬も一旦兄の面前で承諾した手前、兄権平が読むかもしれない手紙で「やはり自分は後継者にはなりたくない」とは書けなかったのであろう。

このあたりのやりとりはとても微妙なものではあるが、家族や兄弟の関係の中では充分に想像されうる話ではないだろうか。

文久三年の三月に京都で相談した際、兄権平の面前では、前々から持ちかけられていた坂本家の後継ぎになる、という条件を龍馬は承諾するしかなかった。しかしやはり自分の行く末を考えた時、これからも自由であり続けるため、坂本家には姪の春猪に婿養子を取ることが最適だと考えた。そして親戚の川原塚茂太郎らに親戚一同よく相談して「然るべき養子の都合」をつけてくれるようお願いし続けた、というのが書簡Aの真の意味なのであろう。

㈢「四十歳」ということ

龍馬が候補となっている坂本家の後継者問題が、文久三年前半の龍馬の心に大きな負担となっていたことは実はこのほかの手紙の中にも見て取ることができるのである。

土佐勤王党遺墨集に写真が掲載され、現在宮内庁三の丸尚蔵館が所蔵する文久三年五月十七日付乙女あて書簡（書簡Dと呼称）にもそれは現れている。

この手紙は

「此頃ハ天下無二の軍学
者勝麟太郎という
大先生に門人となり、ことの
外かはいがられ候て、先
きゃくぶんのよふなものに
なり申候。ちかきうちにハ、

大坂より十里あまりの地ニて、
兵庫という所ニて、おおきに
海軍ををしへ候所を
こしらへ、又四十間、五十間
もある船をこしらへ、
でしどもニも四五百人
も諸方よりあつまり
候事、私初、栄太郎
なども其海軍所
に稽古学問いたし、
時々船乗のけいこもいたし、
けいこ船の蒸気船《ジヨウキセン》
をもって近々のうち、
土佐の方へも参り申候。
その節御見にかかり可申候。
私の存じ付ハ、このせつ

兄上にもおおきに御どふい
なされ、それわおもしろい、
やれ〳〵と御もふし
のつがふニて候あいだ、
いぜんももふし候とふ
り軍サでもはじまり候時ハ
夫までの命。ことし命
あれバ私四十歳に
なり候を、むかしいいし
事を御引合なさ
れたまへ。すこしヱヘン
ニかをしてひそかにおり申候。
達人の見るまなこハ
おそろしきものとや、
つれ〳〵ニもこれあり。
猶ヱヘンヱヘン、

かしこ
龍馬

五月十七日
乙大姉御本

右の事ハ、まづ〱
あいだがらへも、すこしも
いうては、見込みのちがう
人あるからは、をひとり
ニて御聞おき、
かしこ」

というものである。神戸海軍操練所の繁盛ぶりをかなり誇張して記しており、思わず笑いをさそう文面である。「海軍所」すなわち操練所には私龍馬をはじめ「栄太郎」すなわち甥の高松太郎など四五百人も集まって稽古学問しています、と記している。その海軍修行について兄権平に許可を求めた結果、「それは面白いやれやれ」と兄も喜んで同意してくれたとも記している。龍馬自らの充実ぶりを「ヱヘン、ヱヘン」と大いばりで姉へ吹聴しているのである。

また「練習船で近々土佐の方へも参り、その折御目にかかります。」とも記している。つまり書簡Bに見られた「四十歳まで家にはかへらん」の意味が単なる一時的な帰省ではないこともこの手紙で明らかなのである。

手紙の後半には「以前も申し上げたとおり、戦争でも始まった時は、それまでの命。今年死なければ、私が四十歳になった時に、そんなことを昔言っていたよ、と引き合いに出して下さい。」とある。この場合の戦争とは外国との攘夷戦争のことである。文久三年に最高潮に達した攘夷熱を受けてのいくさ論議と考えられる。文意は「そんな戦争のことを言っても、もしも死なずに四十歳になれば（土佐に帰って坂本家を継ぐので）昔龍馬は戦争で死ぬなんて言っていたのに、と引き合いに出して笑って下さい」と未来予測的な冗談を述べているのである。

このように「四十歳」というキーワードは文久三年の手紙三通に出てくるのである。最初は三月二十日付乙女あての書簡B、そしてこの五月十七日付乙女あて書簡D、そして八月十九日付の川原塚茂太郎あて書簡Aである。文久三年の半ば、龍馬の心を占めていた心配事がこのようなかたちで繰り返し現れたのであろう。兄権平との間で「四十歳になれば土佐へ帰って坂本家を継ぐ」という約束をしたことを裏付けているのである。

この当時の龍馬の本音を知る上で欠かせない手紙がもう一通ある。京都国立博物館が保管する乙女あての文久三年六月二十九日付の書簡（書簡Eと呼称）である。「日本を今一度せんたくいたし申候」のフレーズを持つ良く知られた長文の手紙である。この手紙の中で二ヶ所、龍馬は自分の生死について述べている。それは姉の乙女へ日本全国を無銭行脚する方法を伝授する（これはまた全体で大きな冗談なのであるが）部分にまずひとつ。姉乙女が出家して他国へ無銭行脚に行く際には、

「此事ハ必ず必ず一人りで
思い立つ事のけして
相《アイ》ならず候。一人りで
いたりやこそ
『龍ハはやしぬる
やらしれんきに
すぐにとりつく』
それハそれハおそーしいめ
を見るぞよ。」

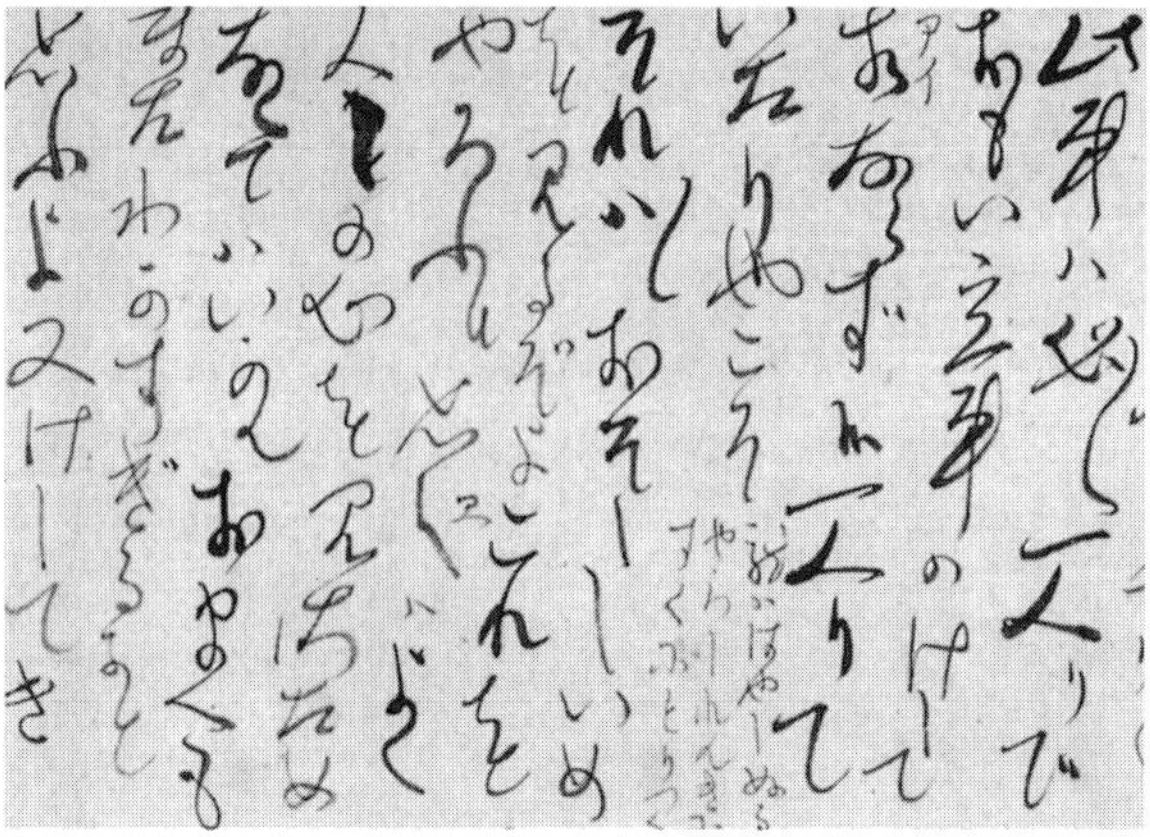
書簡E　文久三年六月二十九日　乙女あて（部分）京都国立博物館蔵

とある。

『　』の部分は小さな字で三行に渡って記されている。文意は「全国行脚をするにしても決して一人で行ってはいけない（二人三人でまとまって行きなさい）。一人で行くとそれはそれは恐ろしい目を見るでしょう。たとえば私龍馬ははやく死ぬかもしれないので、お化けとなって行脚する姉さんにすぐにとり付くかもしれません（だから全国無銭行脚なんていうお考えはやめなさい）。」というものである。

「私ははやく死ぬかもしれない」などとは姉に出した冗談の手紙にしても不自然である。

また手紙の後半部には「私おけしてながくあるものとおぼしめしハやくたいニて候。」ともある。私を長生きすると思っているとあて外れですよ、という意味である。自分は長生きしないと述べているのだ。

親しい乙女姉さんあての手紙とはいえ、脱藩して家族一同に心配をかけている立場にある龍馬である。手紙に「はやく死ぬかも」とか「長生きしない」などと書いて実家へ送るのは尋常とは思えない。たとえ本当に危険や病気で死にそうであったとしても「私は元気だからご安心を」と書くのが、故郷を離れた人間の取るべき態度ではないだろうか。

このような自分の死を示唆する表現は「自分は生死を賭けて天下国家のために奔走しているのだ」との理解がこれまでは一般的であった。また現代の私たちは慶応三年十一月の龍馬の死を知っているだけに、その説明にあまり違和感を覚えなかった。龍馬の覚悟のほどを表したものと思いがちだったのである。しかしながらこの手紙に書かれた「死への覚悟」も坂本家の後継ぎにはなれない、なりたくない、というメッセージではなかろうか。

龍馬が十年後に土佐の坂本家を継ぐために高知へ帰ることを承諾したということは京都の兄権平から土佐の家族へも当然伝えられていたはずである。乙女や春猪も知っていたことである。それは文久三年三月以降の坂本家や親戚の了解事項であった。しかし龍馬の本心はそうではなく、自分ではなく別に養子を取るべきだというものであった。そのことを直接記した川原塚茂太郎あての書簡Aが出される八月より前、この六月二十九日付の書簡Eにおいて、すでに「自分は長生きしない」、つまり「私龍馬を坂本家の後継者としてあてにしていると大変ですよ、私ではなく別に養子を取ることを考えて下さい」という意味のシグナルを発していたと読むべきなのである。

実際、権平のひとり娘の春猪が鎌田家の清次郎を婿養子に取ったのは、文久三年八月の川原塚茂太郎あての手紙（書簡A）や文久三年九月頃の弘松家所蔵の乙女・春猪あての手紙（書簡C）の後、すなわち文久三年の年末から遅くとも翌元治元年の年初めの頃と推定される。この婿取りについての記録は残念ながら今のところ発見されてはいないが、後に述べる理由からその時期は限定されると考えている。

龍馬と家族・親戚とのこのような手紙でのやりとりの末、結局は龍馬の考えどおり、姪の春猪に婿養子が迎えられた。坂本家の後継ぎ問題は一応の解決を見たことになる。つまり文久三年の半ば頃に龍馬の心を悩ませていた問題は片付いたのだ。そうすると現金なもので、これ以降の家族あての手紙には「もうすぐ死ぬかも」などというフレーズはほとんど出てこなくなるのである。まことに龍馬らしいと言うべきであろう。

この文久三年に龍馬が坂本家の後継者候補であった、という観点はこれまでにないものである。そしてそのことを踏まえると龍馬のいくつかの手紙に新たな解釈が可能となってきたのである。再発見された川原塚茂太郎あて書簡がいかに重要であるかお分かりいただけたであろうか。

さてこの春猪と婿養子清次郎との結婚はまた別の問題を解決する手がかりを与えてくれることになったのである。

㈣　おやべは春猪か？

川原塚茂太郎あての書簡Aについて調べている際、坂本家の後継ぎ問題以外にもうひとつ、龍馬の家族のことで重要なことが解決した。それは「おやべ」は春猪なのか否かという問題についてである。

龍馬の手紙にしばしば登場し、手紙の宛名にもなっている「おやべ」なる女性。この女性はいったい誰なのか。

おやべが手紙の宛名となっている龍馬の書簡は次の三通である。

イ　慶応元年九月七日　坂本権平・乙女・おやべあて（高知県立歴史民俗資料館蔵）

ロ　慶応元年九月九日　乙女・おやべあて（京都国立博物館蔵）

ハ　慶応三年六月二十四日　乙女・おやべあて（京都国立博物館蔵）

また文中に「おやべ」の名前が出てくる手紙は次の二通である。

ニ　（文久三年）六月二十八日　乙女あて（土佐山内家宝物資料館蔵）

ホ　慶応元年十二月四日　坂本権平・一同あて（写、高知・弘松家文書）

坂本龍馬を知っている人々の大多数は司馬遼太郎の小説『竜馬がゆく』を読んでいるであろう。筆者ももちろん博物館で龍馬資料に関わることになる以前から普通の読者として『竜馬がゆく』を読んでいた。『竜馬がゆく』は日本の歴史小説の定番であり、読者の数も非常に多い。現代日本人の心の中の坂本龍馬像の形成に果たした役割は甚大である。

小説『竜馬がゆく』の中で司馬遼太郎は「おやべ」を龍馬の乳母として描写している（文春文庫『竜馬がゆく』（一）九五頁）。またおやべを老婆であるとも記している（同『竜馬がゆく』（三）三七八頁）。

司馬遼太郎の小説を読んできた筆者も「おやべ」を龍馬の乳母で、高齢者であると何の疑いもなく思い込んでいた。この「おやべ＝龍馬の乳母」という考え方は司馬遼太郎だけの解釈ではない。明治・大正期の龍馬研究の中でもおやべは乳母のこととして認識され記述されてきたのである。

しかしながら龍馬研究者の中には「おやべ」は春猪であると考え、そう記された方がいた。宮地佐一郎も『龍馬の手紙』の中で「おやべは龍馬の姪春猪の別称と推考。」（七一頁）と記している。また坂本龍馬記念館の小椋克己館長もおやべの境遇や態度などからおやべを春猪であると主張されてきた。平成十二年一月に川原塚茂太郎あての書簡Aが現れた際、その内容を研究者各方面に問い合わせて調べていただいたのだが、小椋館長もそのひとりであった。

筆者は川原塚茂太郎あての手紙（書簡A）が出てきた直後、その内容の検討から「おやべは春猪ではありえない」という確信を得て、小椋館長とその点で繰り返し議論を行なったのである。筆者は書簡Aをその内容から、宮地氏が置いていた元治元年（一八六四）ではなく、前年の文久三年（一八六三）に戻した。このことは筆者だけでなく龍馬研究者の一致する見解であって、宮地先生も小椋館長も認めたことである。

この坂本家の養子問題を川原塚茂太郎へ頼む書簡Aが文久三年の八月に書かれたものならば、おやべは春猪ではありえないのである。

前に掲げた「おやべ」の名が出てくる手紙のうち「二」とした手紙、これは宮地氏の『龍馬の手紙』では文久三年六月二十八日として位置付けられていたもので、「かの小野小町が名歌よみ～」で始まる短い手紙である。この手紙の後半部分に「おやべどの八早、子ができたなど申す人あり」という文章が出てくる。この一文が大変重要である。龍馬がこの手紙を書いた文久三年の六月二十八日に、「おやべ」という女性には子供ができていたらしい。その文脈からして「妊娠した」という意味のようである。

川原塚茂太郎あての書簡Ａ（文久三年八月十九日付）で見てきたように春猪に婿養子を取ることは文久三年の九月以降に土佐の坂本家で話が進展したと見るのが妥当である。しかし、仮に「おやべ」なる女性が春猪であるならば、文久三年六月の段階で子ができていたのは明らかに矛盾する。婿養子を迎える以前、すなわち結婚する前の春猪に子供ができることはありえない。このことから春猪とおやべは別人でなければならないと筆者は確信していたのである。

㈤「小野小町が」の不思議な手紙

「春猪はおやべではない」とする筆者と「春猪＝おやべ」説を譲らない小椋館長との議論は直接お会いした際、あるいは電話などを通じてしばしば交わされたのである。結構激しい議論ではあった。また双方の主張も今となって思い返せば荒唐無稽なものが多かった。たとえば筆者は「おやべは乳母であり、できたのは子ではなく孫ではないか」とか、小椋館長は「春猪と清次郎とはできちゃった結婚ではないか」とかである。

しかし、平成十二年七月のある朝、筆者が博物館の自分の机で宮地佐一郎の『龍馬の手紙』をパラパラと読んでいる最中に、ハタと重大なことに気がついた。そして急いで高知の坂本龍馬記念館の小椋館長へ電話したのである。

それは前節で「ニ」とした「おやべに子ができた」という「文久三年六月二十八日」の手紙が、実際は一年先の元治元年の手紙ではないかということである。そうすると様々な疑問のほとんどが氷解する。

実はこの「おやべに子ができた」の手紙には年号は記されていない。「六月二十八日」と日付されているだけである。これまではその内容から文久三年（一八六三）と推定されていたのだ。手紙の文面そのものは大変穏やかであり、激動の元治元年六月に置くには相応しくないように感じられるのもまた事実である。しかしこの手紙を文久三年ではなく、その翌年、元治元年（一八六四）の六月に置くことで、その不思議な文面は真の意味を語り始めたのである。

手紙（以下、書簡Fと呼称する）は大変短い。全文を60～61ページに掲げた。

段落に分けて意訳するなら

①　かの小野小町が名歌を詠んで雨を降らせたという故事も、日照りが続きそうな時は和歌を作るのを請け合わない。和歌を詠んで雨が降るのは、北の山が曇ってきたところを内々よく知って詠んだのだ（狂言「業平餅」から）。

②　新田義貞が鎌倉攻めの際、稲村ヶ崎に太刀を投げ込んで潮が引いたのは（決して神意や偶然などではなく）潮時を知っていたからだ。

③　天下に事を成そうとする者は、腫れ物の治療でも充分に膿が溜まってからでないと針を刺しても効き目がないように、その時期を充分見極めるものだ。

④　おやべどのにはもう子ができたと言う人がいるのだが、「どうしてるか?」と私が言っていると言ってやって下さい。かしこ。

⑤　この手紙は決して決して他人に見せてはいけません。

たったこれだけである。

構成は①②が③にかかるもので、物事を成すにはその時期が満ちるのを充分に待って行なうものだ、というのが主旨である。それにしても例え話ばかり書かれたとても不思議な手紙とは言えないだろうか。

特に⑤は不可解である。いったいこの手紙のどこに「決して他人には見せないで」という内容が

書簡F（元治元年）六月二十八日　乙女あて　㈶土佐山内家宝物資料館蔵

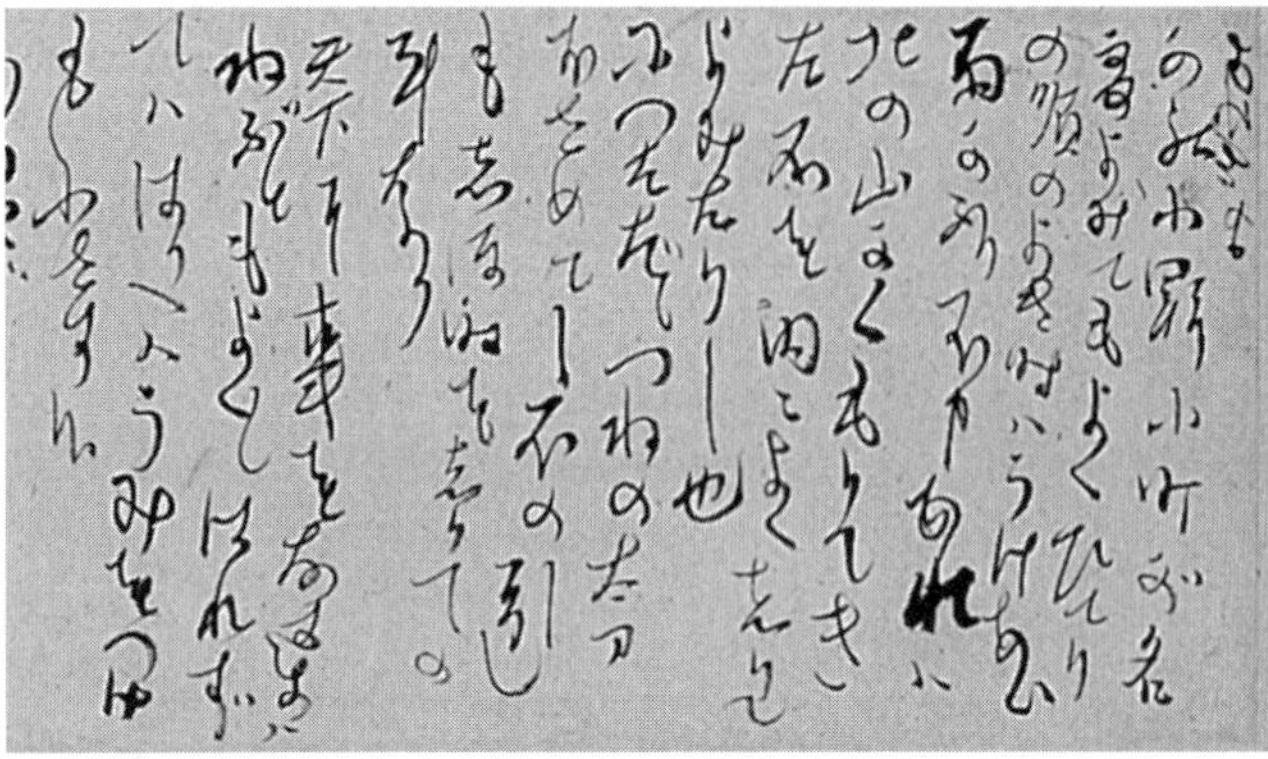

かの小野小町が名
哥よみても、よくひでり
の順のよき時ハうけあい、
雨がふり不申。あれハ
北の山がくもりてき
た所を、内々よくしりて
よみたりし也。
につただ丶つねの太刀
おさめてしほの引し
も、しほ時をしりての
事なり。
天下に事をなすものハ
ねぶともよく〳〵はれず
てハ、はりへハうみをつけ
もふさず候。

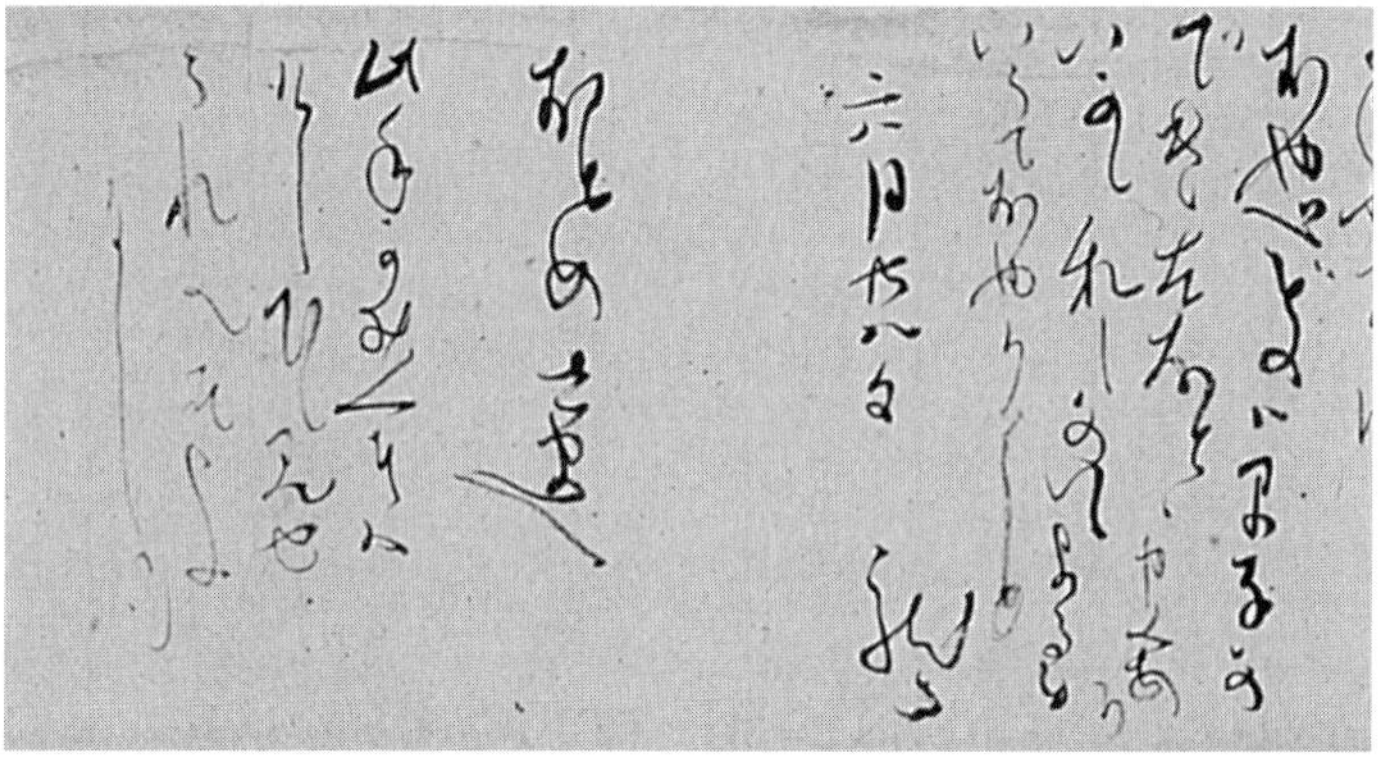

おやべどのハ早、子が
できたなどと申人あり、
いかが私しがいいよると
いうておやり、かしこ。

六月廿八日　龍馬

おとめさまへ

此手がみ人にハ
けして〳〵見せ
られんぞよ、
かしこ。

あるのだろうか。数多い龍馬の手紙の中でもこれほどまでに例え話ばかりの手紙はない。考えてみればみるほど謎めいている。

龍馬はこの手紙でいったい何を乙女姉さんに伝えようとしていたのか。それはこの手紙を文久三年に置いたままでは理解できない。

文久三年ならば神戸の海軍操練所にいて、同志らと大いに海軍の修行に励んでいた時期である。龍馬の生活は充実していた。坂本家の後継者問題を除けば精神的にも高揚していた。それは先に掲げた「ヱヘンヱヘン」の書簡C（文久三年五月十七日付）にもよく表れている。そのような時期に書かれた手紙とは考え難い。

この小野小町の手紙（書簡F）は文久三年ではなく、翌年の元治元年に置くことでやっとその真意が理解できるのである。

幕末において元治元年（一八六四）は文久三年以上に激動の年であった。文久三年の八月には薩摩藩と会津藩が共同して長州勢力を京都の政界から追放した（八月十八日の政変）。京都は公武合体の佐幕派が台頭したのである。しかし文久三年の後半から元治元年の前半にかけて京都回復を目的とする長州系志士の活動が水面下で進んでいた。その計画を察知した新選組は志士が集会を開いていた京都三条小橋たもとの池田屋へ捕縛に向かった。世に池田屋騒動と呼ばれる事件が起きたのはこの元治元年六月五日の夜のことであった。近藤勇が率いる新選組が池田屋で戦い、長州藩士を含む西日本の志士らの多くが斬死したり怪我を負って捕縛されたりしたのである。その後の幕末動乱の端緒となった著名な事件である。

その池田屋騒動に憤激し、長州藩が京都の回復のため軍を進め、京都御所の周辺で会津藩・薩摩藩を主体とする幕府軍と激しい戦闘に及んだ「禁門の変」が翌七月の十八日に発生した。この禁門の変（蛤御門の変）による大火で京都の町の半分近くが炎上したのである。

前年の文久三年のキーワードが「攘夷」であるなら、元治元年は「京都情勢」が衆目を集めていたのである。

「小野小町が〜」の手紙が元治元年の六月二十八日に書かれたものとするならば、京坂の様子は非常に切迫していた。池田屋騒動の報を受けた長州進発軍が続々と京都を目指していた最中である。戦争の予感が京坂に広がっていた。また池田屋騒動は龍馬とも決して無関係ではない。土佐出身の北添佶摩と望月亀弥太が池田屋騒動で斬死しているのだ。望月は龍馬とも関わりが深く、龍馬の手紙にも「去年六月望月らが死し時、同志の者八人計も皆望月が如戦死したりし」（慶応元年九月九日付乙女・おやべあて　京都国立博物館蔵）と書いている。

望月亀弥太は高知西町出身の郷士で土佐勤王党員、神戸の海軍操練所にいて龍馬の同志であった。そのような土佐出身者が死んだことによって、池田屋騒動が土佐へも大きな衝撃として伝わっていたことは間違いない。それはまた土佐における龍馬の評判を大きく下げることになったであろう。

元治元年六月五日の池田屋騒動は、長州勢とそのシンパである尊王攘夷派らによる武力での京都回復計画が新選組に知られたから起きたのである。その京都回復計画に龍馬の同志である北添や望月らは参加し、結局池田屋で闘死した。しかし坂本龍馬は加わっていなかった。またその復讐戦を目指す長州進発軍にも龍馬は結局は合流しないのである。土佐出身の中岡慎太郎や池内蔵太が参加したのにである。龍馬は神戸海軍操練所の学生の暴発を抑える立場にいたらしい。

そんな龍馬の土佐での評価が高かったはずがない。土佐勤王党に加盟していたのなら長州軍に加わって京都で戦うべきだ、北添・望月らの仇を討つべきだと。姉の乙女も龍馬を「なぜ行動を起こさないのか、仇をとらないのか」と責めていたのかもしれない。

そのような意見で沸き立っていた時期に土佐の家族へ出した手紙、それがこの「かの小野小町が〜」の不思議な手紙（書簡F）なのである。

手紙の主旨は「天下に事を成すときは充分に時期の満ちるのを待って行なわなければならない（まだその時期ではない）」ということである。その龍馬の本心を興奮した乙女姉さんに理解してもらうため、また大変に切迫した情勢であるがゆえに、わざとはぐらかすような例え話ばかりの、のんびりとした文章にしたのではないだろうか。

文末の「決して誰にも見せないで」というのも当然である。手紙の文脈からして、池田屋での北添・望月の死を時期をわきまえない暴走死であると述べているに等しいからである。土佐の誰かがこの手紙を読めば怒りを感じる内容だということを龍馬は意識していたに違いない。龍馬は時勢の動きを見て、決して今この時（元治元年の夏）が具体的行動を起こす時期ではない、まだ幕府は倒れないと判断していたのであろう。

この「小野小町が～」の手紙（書簡F）の真意がそのようなものであるとすると、龍馬は一見豪快な人間に見えて、繊細な感性の持ち主であることが分かる。手紙を書くにもその反響を充分に配慮していたことが理解されるのである。

この六月二十八日付の書簡Fがこれまで推定されていた文久三年のものではないことは、実は別の手紙との関係からも分かる。その手紙とは先にも少し触れた「日本をせんたく」の語句がある文久三年六月二十九日付の乙女あて書簡Eである。この手紙にも年号はないのだが、長州での外国船砲撃（攘夷決行）に触れていることから文久三年であることは確実だ。

この手紙はとても長いのだが、その冒頭部分には「六月廿日あまりいくか、けふのひハ忘れたり」とある。そして終わりの追伸の部分に「今日は後でうけたまハれば六月廿九日のよし」と書かれている。つまり最初手紙を書き始めた時には今日が六月の何日か分からなかったのだが、後で通りがかりの者にでも尋ねて六月二十九日とやっと分かったわけである。このことは例の「小野小町が～」の書簡Fが同じ文久三年の六月二十八日に書かれたとするとおかしなことである。二日続けて手紙を書くことはありうるが、前日の手紙に「六月二十八日」と記しておきながら、翌日手紙を書き始める際に日付を度忘れするものであろうか。やはり書簡Fが文久三年ではないことを示しているのであろう。また二つの手紙の内容の間に関連する部分が全くないのもそれを裏付けている。

(六) 再び、おやべは春猪か？

長い回り道をしたが、ようやく「おやべ＝春猪」問題に主題を戻すことができる。この「小野小町」の手紙（書簡F）を元治元年に置くことによって、春猪の婿取りにひとつの時間経過を推定することができるのである。

文久三年の八月・九月に龍馬は土佐の川原塚家と坂本家に自分ではなく婿養子を取るようにと手紙で懇願し、それを受けて坂本家は文久三年の年末か元治元年初め頃に春猪に清次郎を婿に迎えた。そして元治元年六月には子ができた（妊娠した）という評判が立つ、という経過である。「小野小町が〜」の手紙の中に「おやべどのハ早、子ができた」とあるが、その「早」とは「この間結婚したばかりなのにもう」という意味ではないだろうか。

龍馬のいくつかの書簡における時間的な矛盾はこうして解消した。筆者が「おやべは春猪ではない」と考えた根拠は消滅したのである。

では別の角度からおやべが乳母あるいは坂本家にいる老婆の名ではないことを考えてみよう。まず「おやべに子ができた」とある。すなわち妊娠するような若い女性である。明らかに龍馬の乳母ではない。坂本家の家族の年齢構成を考えても文久年間に乳母が坂本家にいる必然性は低い。

おやべについて慶応元年九月九日付乙女・おやべあての手紙（京都国立博物館蔵）の中に次のような表現がある。

「かへす〴〵も今日ハ九月節句とて、おやべがこんぺいとふのいがたが、おしろいにてふさがり候こと察いり候。ねこおいだき西のをくのゑんニて、ひなたぼつこふ大口計へヘラ〳〵さつし入り候。」

九月九日は重陽の節句。土佐の女たちが着飾って「おしろいをあぎのかまほねより先に計り、ちようふどかいつりの面のごとく」（慶応元年九月

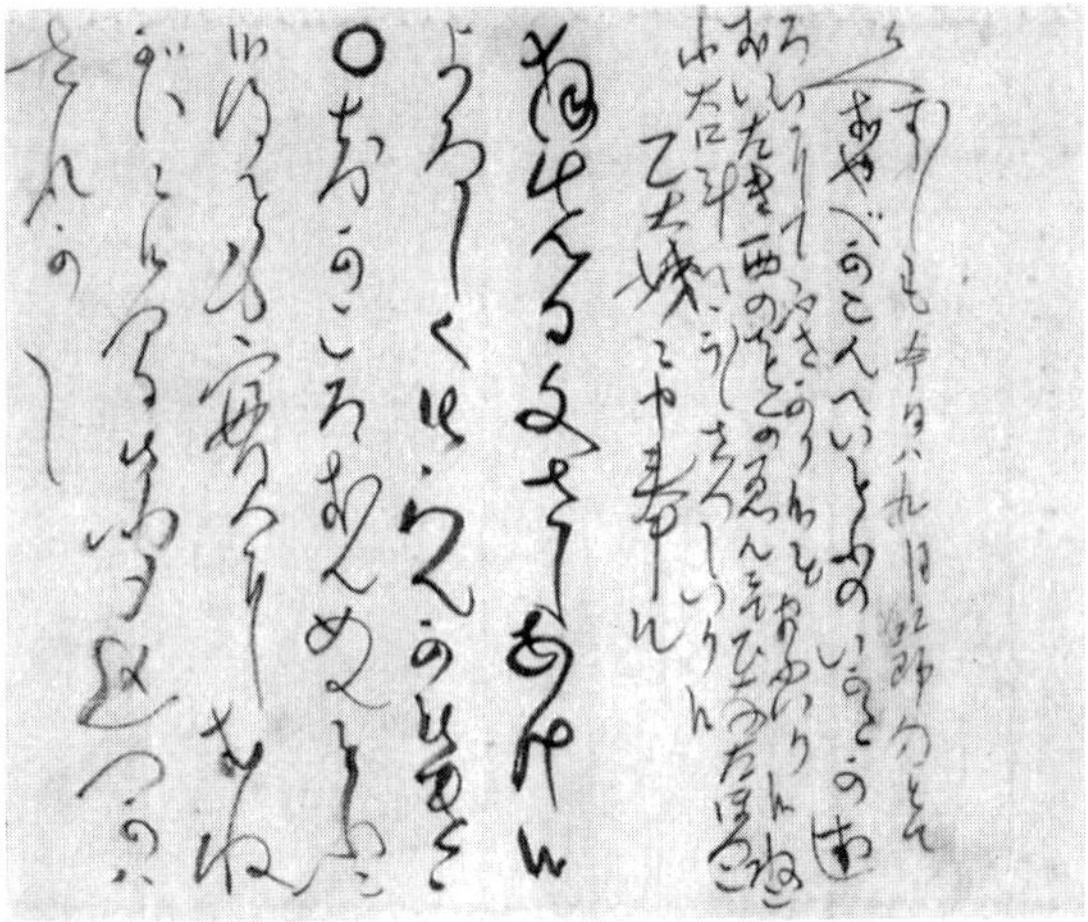

慶応元年九月九日　乙女・おやべあて（部分）京都国立博物館蔵

九日付池内蔵太家族あて、第三章参照）とあるように、白塗りの女たちの日であって、「おやべの金平糖の鋳型（顔のあばた）が白粉にて塞がっていると想像しますよ。」と書いている。

顔におしろいとは、春猪あての手紙にも出てくる。慶応二年秋頃と推定される短い手紙で、原書簡は不明だが、記録され活字で知られているものである。それには、

「此頃、外国のおしろいと申もの御座候。近々の内、さしあげ申候間、したたか御ぬり被成たく存候。御まちなさるべく候。かしこ。」

とある。長崎から外国製のおしろいを送るので、したたかに御塗り下さい、と春猪をからかっているのである。

また慶応三年一月二十日付の春猪あて書簡（東京・個人蔵）には「春猪どのよ、此頃ハあかみちやとおしろいにて、はけぬりこてぬり〜」という文面も見られる。

春猪とおやべが同一人物かどうかははっきりしないが、おしろいの厚塗りが重なるのは興味深い。同一人物である可能性を考えても良い表現である。

引用の後半部分には、おやべが「猫を抱き、西の奥の縁側で日向ぼっこしながら、大口を開けてへヘラへヘラとくつろいでいると想像します」とある。この部分は老女の様子にも読める。しかし猫を抱いて日向ぼっこして大口を開けてヘラヘラしているのは乳母や女中ではないようだ。若くても家付のひとり娘ならありうる態度であろう。春猪でも良さそうである。

おやべに関しては弘松家文書に写の残る、慶応二年十二月四日付坂本権平・家族一同あて書簡に次のような記述がある。手紙そのものは伏見寺田屋での遭難の様子を中心にした記述で大変長文である。その一部分に、

「一　お屋べどのの養子ハ如何様なる暮し方にや（中略）おやべにハ早、どん腹と屋らおほきになりし事、とくよく承りしが、男子出生なれバよろしからんと存じ候。」

とある。

先におやべが妊娠したのは元治元年（一八六四）。今度の手紙は慶応二年（一八六六）であり、再び妊娠したらしい。また養子の暮らしぶりのことを聞いている。「養子」は坂本家の婿養子清次郎のこと、おやべは春猪と考えれば自然である。また春猪の子供は鶴井と兎美という女子ふたりであったと知られているが、この妊娠した「おやべ」のふたりめが「（最初が女の子だったので次は）男子出生ならば（坂本家として後継ぎができるので）良いのにね」と龍馬が書いたと考えれば辻褄が合うようである。

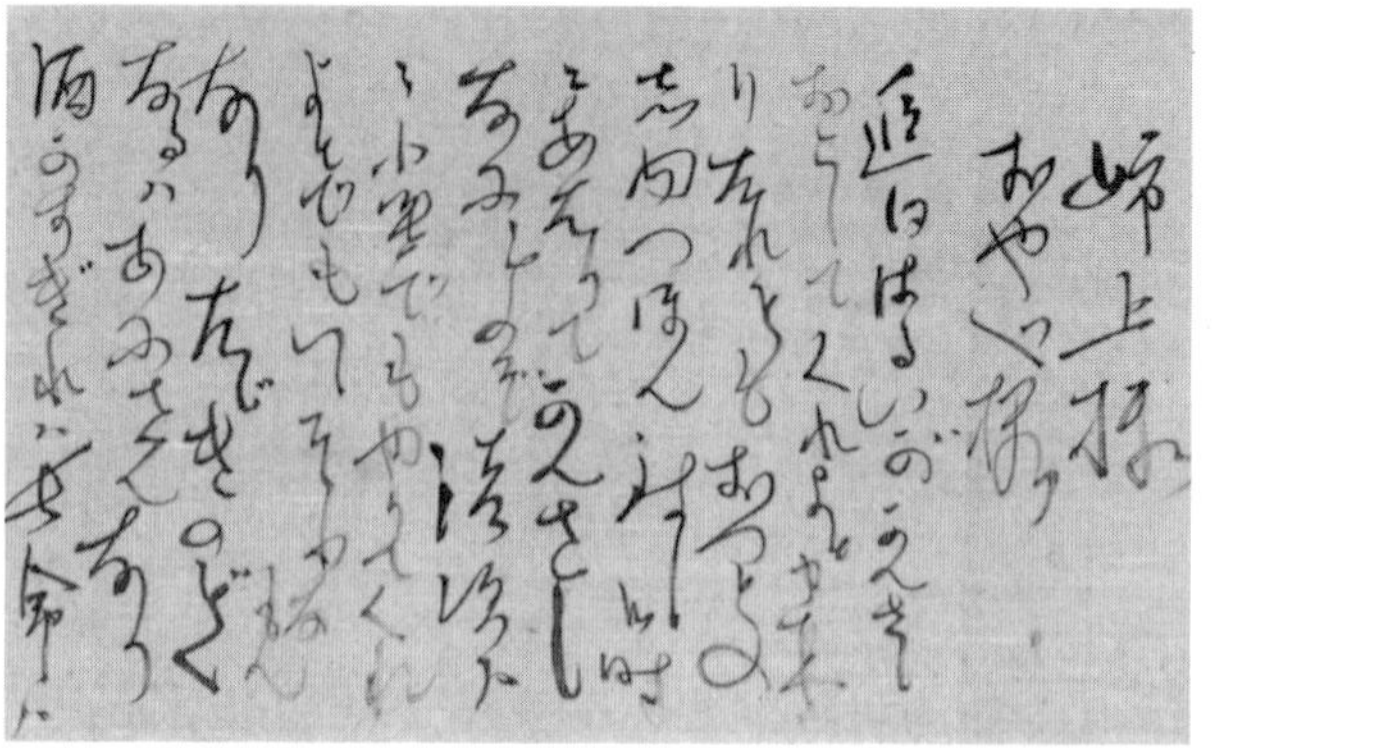

慶応三年六月二十四日　乙女・おやべあて（部分）京都国立博物館蔵

龍馬の手紙に書かれたおやべの呼び名を列挙すれば、

「おやべどの」（元治元年六月二十八日）

「於ヲやべどの」（慶応元年九月七日）

「おやべどん」（慶応元年九月九日）

「おやべさん」（同前）

「おやべ」（同前）

「お屋べどの」（慶応二年十二月四日）

「おやべ様」（慶応三年六月二十四日）

とあるように「どの」「どん」「さん」「様」そして呼び捨てと、龍馬の目下あるいは年下のものへの呼びかけのようだ。

龍馬は手紙で乙女姉さんへは、

「乙様」

「乙姉様」

「おとめさま」

「大乙姉」

「乙あねさん」

「姉上様」

など「様」付けや尊称を欠かすことはない。

また乙女・おやべ連名の際は必ず乙女が先でおやべが後である。このような手紙の呼称などから見てもおやべは春猪の別称と考えて良い。おやべは春猪であり、結婚した後の通称なのであろう。もちろん結婚後にもおやべと春猪が混用されたため、いよいよ分かり難かったのである。

慶応三年六月二十四日付乙女・おやべあて書簡には「姉上様・おやべ様」と記し、その後の追伸の部分に「はるい」の名前が現れる（前頁写真）。この部分をもっておやべと春猪とを別人とする説（菊池明『坂本龍馬辞典』）があるのだが、この混用こそが龍馬らしい大まかさと考えるべきである。

長々と「おやべ＝春猪」を論証しようと試みてきた。『竜馬がゆく』のイメージを払拭するためにこのような紙数を要したが、改めておやべを春猪として手紙を読み直してもらえば納得のいく部分が多いのではなかろうか。

㈦　婿養子清次郎のこと

さて川原塚茂太郎あて書簡Aであれほどまでに龍馬が取ってくれと懇願した、坂本家の養子、すなわち春猪の婿清次郎について触れておこう。清次郎は土佐藩家老酒井下総の家来、鎌田実清の子で、結婚したとき二十五歳であったという（宮地佐一郎『坂本龍馬全集』）。春猪と清次郎の結婚は先にも述べたように文久三年の暮れから元治元年の初め頃と考えられる。その後、春猪には鶴井と兎美という二人の娘が生まれた。慶応二年十二月四日の権平あての手紙で「お屋べどのの養子ハ如何さまなる暮し方にや」など自分の代わりに坂本家を見る役割を負った養子に気遣いを見せている。しかしこれは龍馬が清次郎に直接会う前の話である。

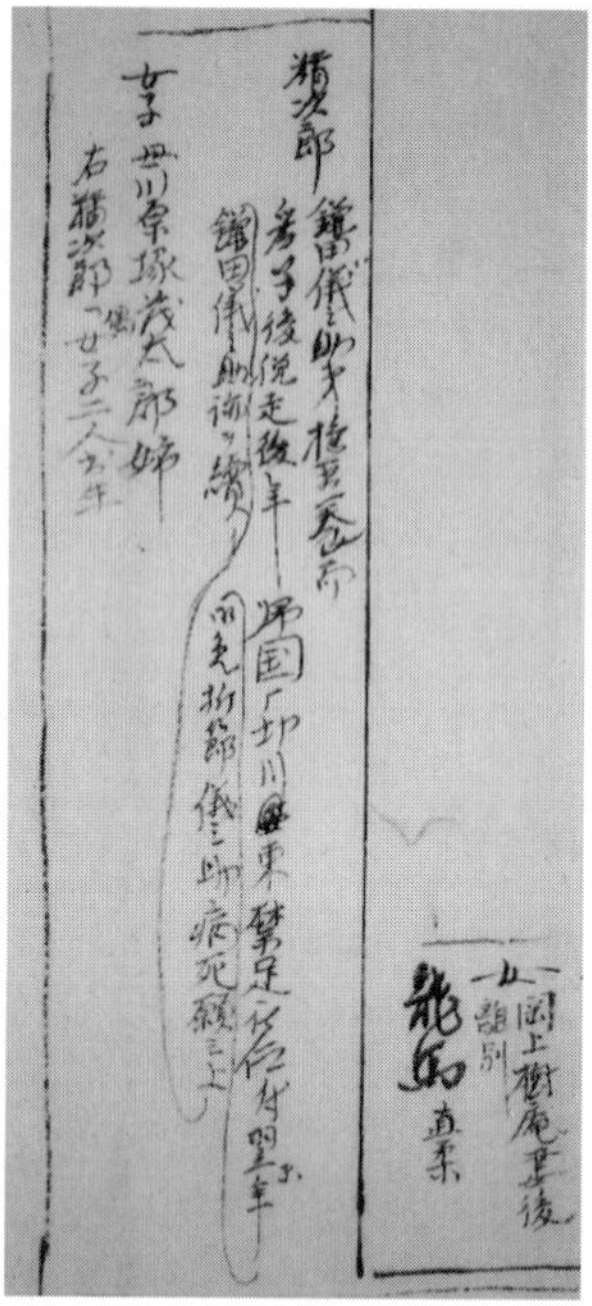

坂本家先祖書（部分）
京都国立博物館蔵

　龍馬は慶応三年六月二十四日朝、京都河原町三条の材木商酢屋から土佐の乙女・おやべあてに長い手紙（京都国立博物館蔵）を書いている。この手紙に当時、土佐を出奔して京都の龍馬のもとへやってきた坂本清次郎のことが記されている。

　清次郎は龍馬と海援隊の活躍を聞いて刺激を受け、充分な相談もなしに土佐を出て京都へきたようである。そして龍馬は手紙の中でその行為と清次郎の人格に対し不満を述べている。

現代語風に直せば、

「同人（清次郎）もかねて聞いていたときはよろしき人物だと喜んでいましたが、会って色々と話をしてみたところ、何の思惑（思想）もない人でした（がっかりしました）。清次郎はただお供に連れ歩くことができるくらいです。もう少し人物ができていたら良かったのにと思います。もう一・二年も苦労すれば少しは役に立つでしょうが、今のところは何も仕様のない人物です。」と手厳しい評価を下している。

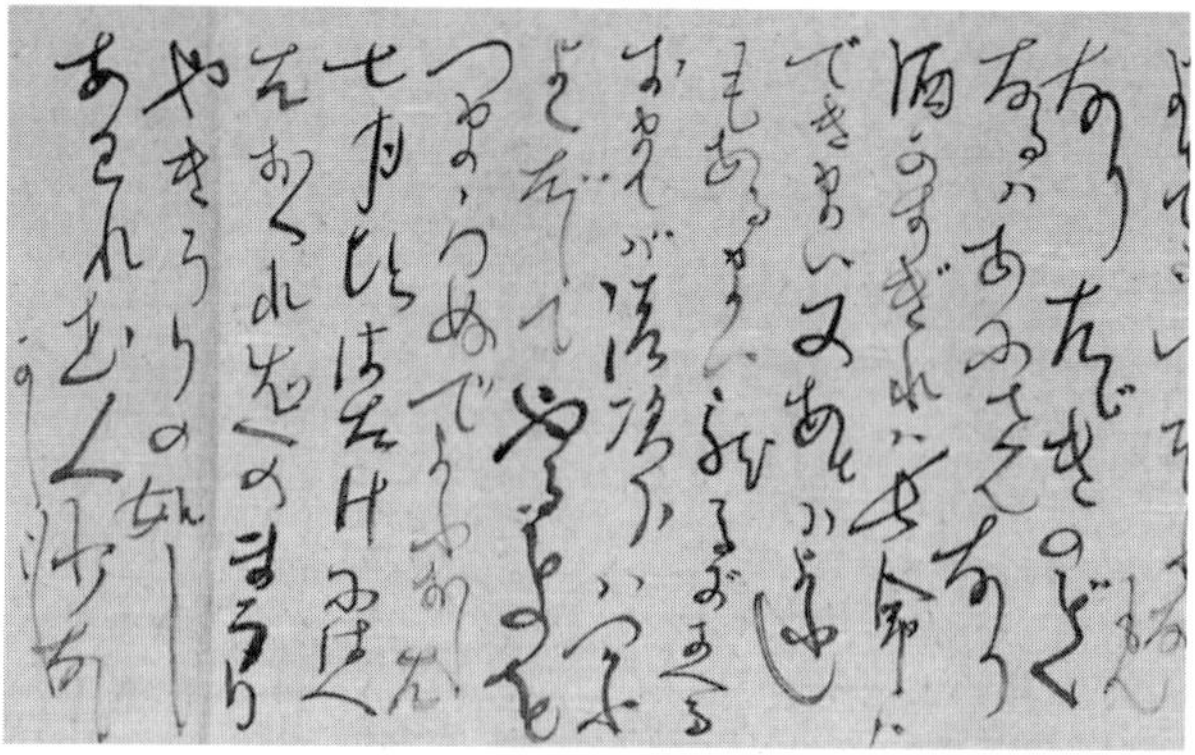

慶応三年六月二十四日　乙女・おやべあて（部分）京都国立博物館蔵

龍馬の妻であったおりょうも明治になっての回顧談の中で、出てきたばかりの清次郎が土佐出身者らと土佐の話ばかりしているのを龍馬が咎めて「もっと他国の者と国事を論じないか」と叱っていたと語っている（『坂本龍馬全集』）。

また慶応三年六月二十四日付の手紙の終わりのあたりで龍馬は、

「ただ気の毒なのは兄さんだ。酒を飲みすぎれば長生きはできまい。また（清次郎が出ていってしまい）その後の養子もないだろう。龍馬が土佐に帰って充分相談した上でなら、清次郎を都合良く出してやったものを。つまらぬ出様をしたものだ。七月頃（秋になって）畑に生えた、遅れ生えの真瓜や胡瓜のようなものだ。誰も見向きもしませんよ。」とまで書いている。

しかし、考えてみれば清次郎は龍馬自身が後継ぎになりたくないために親戚などに懇願して何とか都合をつけてもらった坂本家の養子である。龍馬がその清次郎を胡瓜あつかいするのはいかがなものかと筆者は思うのだが。

さすがにこの手紙を兄権平に見られるのははばかられたので、同志の望月清平（池田屋で闘死した望月亀弥太の兄）に頼んで、手紙を一旦土佐の望月の母へ送ってもらい、そこから坂本家の姉乙女へ（権平に知られないように）直接手渡してくれるように頼む手紙が残っている。

その手紙とは

「別紙、乙に送り候書
状ハ、養子清次郎を
論じて遣候事在之候
間、愚兄権平にハ見
せられぬ事おおく

候まま、必大兄母上
まで御送り愚兄ニハ
小弟より手紙のあね
ニ達し候ことをしらせぬ
よふ御母上より御直ニ
御達可被遣御願申上候。
　廿四日朝　　頓首
望月清平様　　才谷拝
　机下　　　　」
　（屋烏帖）

というものであった。気遣いの手紙である。

自らの都合とはいえ坂本家の養子を懇願したり、養子を取ったら取ったでその人柄に失望したりと、龍馬も大変だった。土佐を出奔して約五年、慶応三年には天下の名士となって新国家建設のために活躍していた龍馬であったが、自分の実家である土佐の坂本家のことは何かと心配することが多かったようである。

龍馬の死後、坂本清次郎は明治三年には一旦土佐へ戻り、出奔の罪に問われることになる。その後春猪とともに坂本家を離退、実家の兄の姓三好を名乗ることになり、三好賜となる。この間の事情は不明な点が多い。坂本家は高松順蔵の息子習吉（権平の妹千鶴の子）が継ぐことになるのだが、それは龍馬の死後のことである。

龍馬の手紙や遺品は土佐坂本家の乙女らが大事に保管した。兄権平は明治四年に五十八歳で亡くなり、乙女は明治十二年に四十九歳で亡くなった。明治三十年代に坂本家は一族をあげて北海道へ移住し、それに伴い龍馬の遺品類も北海道にもたらされた。さらに昭和六年、札幌市の坂本弥太郎氏から京都国立博物館にそれらは寄贈されたのだ。現代の私たちが博物館で展示されている龍馬の手紙を見ることができるのはこのような経緯なのである。

㈧　手紙の位置付けの変更

本章において述べてきた川原塚茂太郎あて書簡の再発見に伴う手紙の時間的な位置関係の変更を改めて整理しておこう。

まず、川原塚茂太郎あての手紙（書簡A）を従来の元治元年八月二十九日ではなく、前年の文久三年八月十九日に移す。そして姉乙女あての「小野小町が〜」の手紙（書簡F）を文久三年六月二十八日ではなく翌元治元年の六月二十八日に移すのである。

このような位置付けの変更によって坂本家の養子問題の実情が明らかとなった上に、おやべが春猪であることとの時間的な矛盾は解消することになったのである。

今回位置付けの比較検討に用いた龍馬書簡の順番は次のようになる。

これまでの順番

書簡B（文久三年）三月二十日　乙女あて（京博蔵・人間の一世ハ〜）
書簡D（文久三年）五月十七日　乙女あて（宮内庁蔵・天下無二の軍学者〜）
書簡F（文久三年）六月二十八日　乙女あて（山内家蔵・かの小野小町が〜）
書簡E（文久三年）六月二十九日　乙女あて（京博蔵・日本のせんたく）
書簡C（文久三年秋頃）　乙女・春猪あて（弘松家蔵・先日大和国に〜）
書簡A（元治元年）八月十九日　川原塚茂太郎あて（再発見・養子の都合は〜）

入れ替え後の順番

書簡B（文久三年）三月二十日　乙女あて（京博蔵・人間の一世ハ～）
書簡D（文久三年）五月十七日　乙女あて（宮内庁蔵・天下無二の軍学者～）
書簡E（文久三年）六月二十九日　乙女あて（京博蔵・日本のせんたく）
書簡A（文久三年）八月十九日　川原塚茂太郎あて（再発見・養子の都合は～）
書簡C（文久三年秋頃）乙女・春猪あて（弘松家蔵・先日大和国に～）
書簡F（元治元年）六月二十八日　乙女あて（山内家蔵・かの小野小町が～）

新たな手紙の順番に当時の状況を加えて年表としてみると

文久二年三月　坂本龍馬が土佐を出奔（脱藩）。
文久二年の年末頃　龍馬は江戸で勝海舟に入門。
文久三年三月上旬　龍馬は京都で兄権平と面会。（ここで坂本家の後継ぎを兄に約束か）
文久三年三月二十日　書簡B。姉乙女へ初めて手紙を書く。「四十までは家に帰らぬ」
文久三年五月十七日　書簡D。姉乙女へ海軍操練所の繁盛ぶりを「エヘン」と自慢する。
「戦になればそれまでの命、（死なずに）四十歳になったらば～」と記す。

文久三年六月二十九日　書簡E。姉乙女への長い手紙。「日本のせんたく」「全国無銭行脚」「龍ハはや死ぬるやらしれんきに」「私をけしてながくあるものとおぼしめしハやくたいにて～」と自分はすぐに死ぬかもと書く。

文久三年八月十九日　書簡A。今回再発見書簡。親戚の川原塚茂太郎へ坂本家の養子の都合を懇願するもの。「海外に渡ることもあろうから生命も定めかね」「四十歳までは海軍の修行をしたいが、（それから土佐へ帰っても）兄は六十歳にもなっているので、何とか今のうちに（私以外の）坂本家の養子を考えて下さい」と記している。江戸行きの直前に大坂で書いたらしい。

文久三年八・九月　京都政界で八月十八日の政変。長州勢力が京都から追い落とされる。大和で天誅組が挙兵。土佐藩出身者らが参加したが、幕府軍に敗退。

文久三年秋頃　書簡C。乙女・春猪あての江戸からの手紙。大和での天誅組の戦いについて触れる内容。文末追伸部で「よふしのつがふ（養子の都合）のことは川原塚まで申しやったのでその手紙を読んで下さい」と記す。

文久三年年末～元治元年初め頃　（推定）坂本家は春猪に婿養子（鎌田家の清次郎）を迎えた。

元治元年六月五日　京都三条で池田屋騒動。土佐藩出身者も死亡。

元治元年六月二十八日　書簡F。姉乙女にあてて「小野小町が〜」の不思議な手紙を書く。その中で「おやべにもう子供ができた（妊娠した）と聞きましたが〜」と記す（ひとりめの女子鶴井か）。

元治元年七月　京都で禁門の変（蛤御門の変）。

慶応元年九月九日　乙女・おやべあての手紙で「おやべが、猫を抱いて西の奥の縁側で日なたぼっこしながらヘラヘラしていると想像します」と記す。

慶応二年十二月四日　兄権平あての書簡に「おやべにはどん腹（妊娠）のことと聞きましたが、（今度は）男子出生ならばよろしからん」と記す（ふたりめの女子兎美か）。

また「養子はどう暮らしていますか」とも気遣っている。

慶応三年六月二十四日　乙女・おやべあての書簡に土佐を出奔してきた清次郎のことを記す。龍馬は清次郎の人柄に失望して「思想がない。連れて歩くぐらいしかできない」などと手厳しい。また坂本家の行末を心配し、（清次郎がいなくなれば）「あとはまた養子を取るという訳にはいくまい」と記している。

慶応三年十月　大政奉還。

慶応三年十一月十五日　坂本龍馬は京都河原町の近江屋で刺客の手で殺害された。

このような順序になる。龍馬の都合と坂本家の事情が絡み合った養子問題であったが、文久三年の龍馬の手紙にこの養子問題が大きな影を落としていたことが解明できたのではなかろうか。坂本龍馬は「天下の世話」（慶応二年十二月四日付乙女あて書簡）のために日本中を走り回っていた。江戸から京都・大坂・神戸・福井・鹿児島・長崎・太宰府・下関などである。しかし一方で出てきた土佐の実家のことはずっと気になっていた。それは龍馬の持つ優しさの現れのひとつなのであろう。

■コラム■ 近藤勇の書簡を読む

京都国立博物館で平成十五年九月に開催した特別陳列「新選組」は筆者が担当する展覧会であった。局長近藤勇の書簡三通や副長土方歳三の書簡六通、沖田総司の書簡一通などをお借りして展示した。新選組関係者の書簡は本書の主題である坂本龍馬の書状とはまた別の特徴を持っていた。展示した近藤や土方の手紙は武州多摩郡の実家や後援者の家に保管伝承されてきたものである。近年の新選組ブームの中で彼らの書状も調査研究されるようになってきた。

新選組局長近藤勇の書簡は日野の佐藤彦五郎や小野路村の小島鹿之助など後援者の家に送ったものが残っている。複数の宛名を持ち、回覧されたものが多いのが特徴である。近藤の書風は厳格であり、頼山陽に傾倒していたことは詩幅の文字に現れている。手紙の文体は当時の男性の手紙文の典型とも言えるものである。文久三年三月に上京直後の壬生で書いた「志大略相認書」は「春暖相募リ候得者、弥御勇健奉賀上候～」と始まる長い手紙である。後に新選組となる京都残留の浪士組結成の経過と決意を武州多摩の関係者に知らせる手紙であり、義父近藤周斎をはじめとする十七名もの人々への回覧書状である。その文体は教養の深さを感じさせる。

近藤勇の文久三年十月の書簡には日野宿の佐藤彦五郎にあてて「（京都で）佐藤家での酒肴を時々思い出しては懐かしんでおります」という文章が見える。近藤が多摩の人を思い出す瞬間なのであろう。また、小島鹿之助らにあてた慶応二年十一月の手紙には、「自分に万一の際には、京都の新選組は土方歳三に任せ、天然理心流の宗家（剣名）は沖田総司に譲るつもりだ。しかしこのことは今は内々にしておいて下さい」という文章も記されている。新選組の責任者らしい文面と言えよう。

第三章　池内蔵太と土佐の女たちのこと

―またも再発見された手紙から―

龍馬の手紙は現在約百四十通が残るとされている。そのうち現物が残っていて見ることができるものが約八割、何らかの形で筆写されたり、写真や活字でだけ残っているものが約二割ある。龍馬が亡くなって百四十年以上が経過した現在、全く知られていなかった龍馬の手紙が新たに現れる可能性はあまり高くはないだろう。川原塚茂太郎あての手紙（書簡A）のように行方不明の手紙が現れることの方が現実的である。

実は行方の分からなくなっていた龍馬書簡のうちの二通が平成十五年の四月にまた筆者の眼前に現れた。その手紙は個人がお持ちのもので、大正または昭和初期といった古い時期に御先祖が購入されたものということである。現在の御所蔵者と二通の手紙の伝来には直接的な関係はないようである。住所氏名の公表は控えるという前提で、本書への写真などの掲載を御許可いただいた。また二通とも平成十五年九月四日からの京都国立博物館での特別陳列「坂本龍馬」に展示して公開した。

一通は慶応元年九月九日付池内蔵太家族あて書簡、もう一通は年代宛名不詳（推定乙女あて）の書簡である。二通とも宮地佐一郎の『龍馬の手紙』に活字で掲載されているものではあったが、手紙そのものの行方はこれまで不明だったものである。

所蔵者から筆者の目の前に突然差し出された二通の書簡。そのまぎれもない龍馬の筆跡にまたも大変驚かされたのである。

(一)　池内蔵太という若者

ここではまず一通目、慶応元年九月九日に書かれた池内蔵太家族あての手紙を紹介しよう。

池内蔵太（いけ くらた）は別名細川左馬介。土佐高知の小高坂に家のあった郷士。上町の龍馬の生家からもさほど遠くなく、両家の交流が深かったことは残された手紙から知られる。内蔵太は天保十二年（一八四二）の生まれで、龍馬より六歳年下。文久元年に江戸の安井息軒に学び諸国の志士と交わりを持つ。土佐藩の因循に飽き足らず文久三年（一八六三）に大坂で脱藩した。そして長州に走り、五月の攘夷決行に加担、さらに八月の吉村寅太郎らの天誅組挙兵に参加し大和国で戦う。同年九月、大和鷲家口で敗れた後、周防三田尻へ逃げ延びて、また長州軍に身を投じた。元治元年の禁門の変、そして長州の内訌戦にも参戦した。龍馬とも関わりが深く、慶応二年の春には長崎の亀山社中に加わった。しかしながら慶応二年の五月に乗っていた船が遭難して五島沖で水死してしまうのである。享年二十六歳。

龍馬はこの戦いに明け暮れた若者を好ましく思い、彼自身や高知小高坂にいた内蔵太の家族へあてていくつかの手紙を残している。さらに坂本家の家族あての手紙にもしばしば池内蔵太の話が出てくる。高知上町の坂本家と小高坂の池家の間には親密な交流があったのであろう。また再発見されたこの手紙の宛名に現れる「杉さま」とは内蔵太の母の里方の姓「杉山」のことである。文久三年の池内蔵太脱藩の罰は小高坂の池家の家屋没収であったとされるので、あるいは残された池内蔵太の家族は内蔵太の母の実家の杉山家に身を寄せていたのではなかろうか。

今回新たに現れた書簡には「九月九日」の日付のみが記されている。龍馬の手紙全般、このように年号は記されていないのが普通である。この手紙の場合、その内容が慶応元年九月九日、つまり全く同日の乙女・おやべあての手紙（京都国立博物館蔵）に深く関連するところがあり、慶応元年とすることには問題がない。この乙女・おやべあての手紙と同様、伏見の寺田屋で書いたのであろう。紙の縦は一六・二cm、横は九八・三cmである。手紙は裏打ちなどされず、龍馬が書いた当時の状況のままを留めており、その意味でも貴重である。もっとも文面が表裏に渡っているので巻子などにはできないのであるが。

手紙の全文を87〜95ページに掲げた。この手紙の内容もまたとても面白いものである。

手紙の前半部分は長州の下関で会った池内蔵太について土佐の家族へ近況を知らせている。また後半では土佐の様々な人々を懐かしく思い出している。

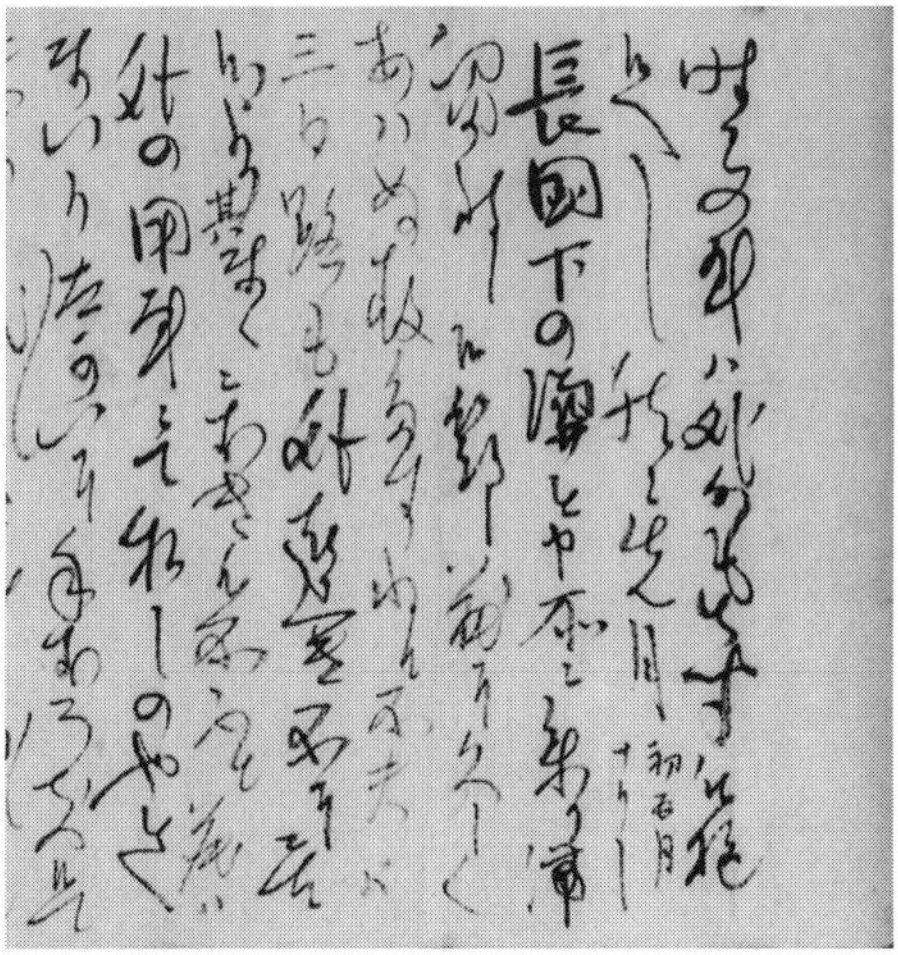
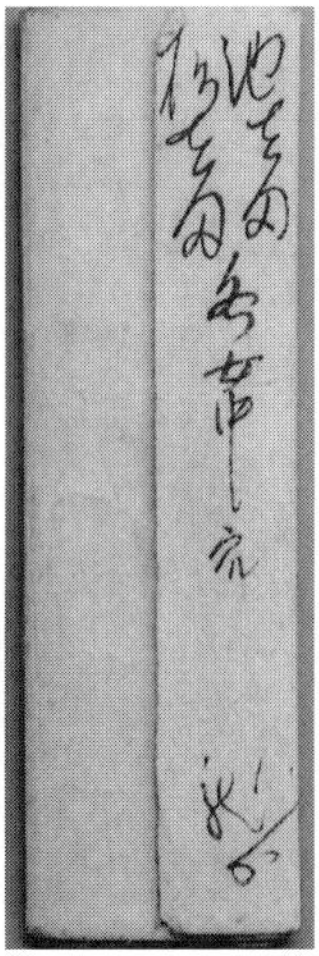

慶応元年九月九日　池内蔵太家族あて　大阪・個人蔵

（表書）

池さま
杉さま
各女中衆　　龍より

（本文表面）

時々の事ハ外よりも御聞被遊
候べし。然ニ先月（初五月ナリシ）
長国下の関と申所ニ参り滞
留致し候節、蔵ニ久しく
あハぬ故たずね候所、夫ハ
三日路も外遠き所に居
候より、其ままニおき候所、ふと蔵ハ
外の用事ニて私のやどへ
まいり、たがいに手をうち候て、

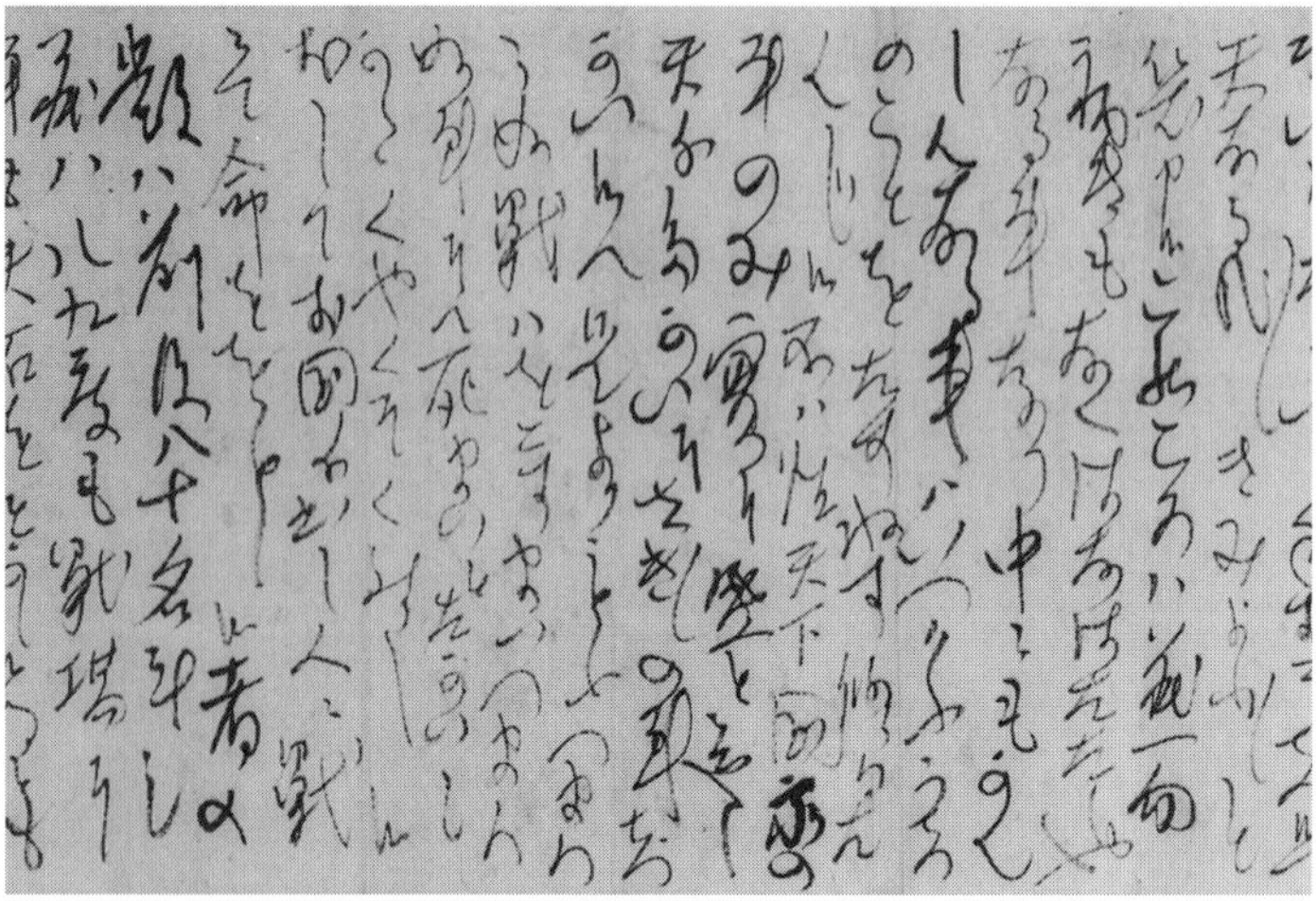

天なる哉〳〵、きみよふ〳〵と笑い申候。このごろハ蔵一向病きもなく、はなはだたしやなる事なり。中ニもかんしんなる事ハ、いつかふうちのことをたずねず、修日だんじ候所ハ、唯天下国家の事のみ。実に盛と云べし。
夫よりたがいにさき〴〵の事ちかい候て、是より、もふつまらぬ戦ハをこすまい、つまらぬ事にて死まいと、たがいニかたくやくそく致し候。
おしてお国より出し人ニ、戦ニて命をおとし候者の数ハ、前後八十名計ニて、蔵ハ八九度も戦場に

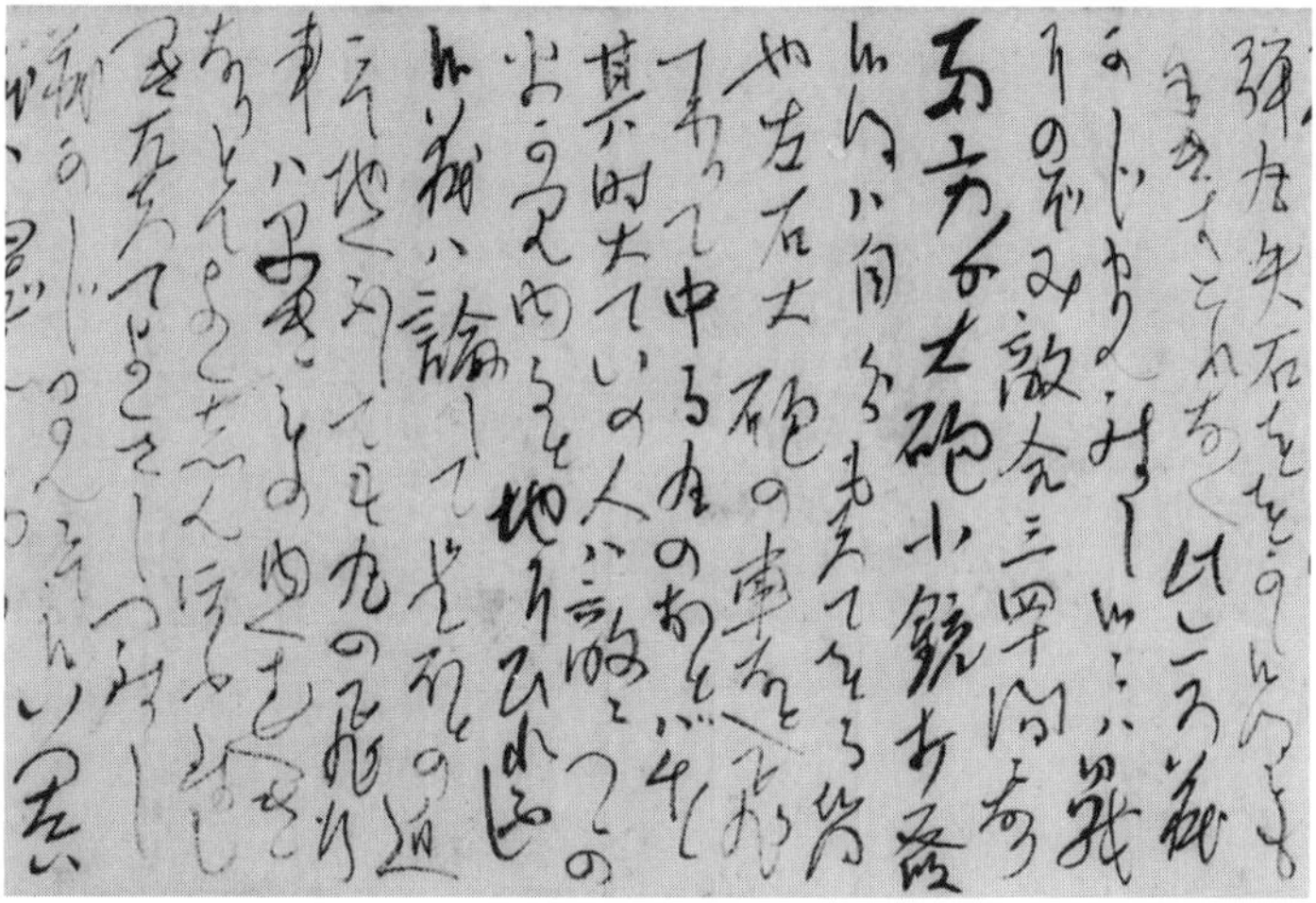

弾丸矢石ををかし候得ども、
手きずこれなく此ころ蔵
がじまん致し候ニハ、戦
にのぞみ敵合三四十間ニなり、
両方より大砲小銃打發
候得バ、自分のもちてをる筒
や、左右大砲の車などへ、飛
来りて中る丸のおとバチ〳〵、
其時大ていの人ハ敵ニつつの
火が見ゆると、地にひれふし
候。蔵ハ論じて是ほどの近
ニて地へふしても、丸の飛行
事ハ早きものゆへ、むへき
なりとてよくしんぼふ致し、
つきたちてよくさしづ致し、
蔵がじまんニて候。いつたい

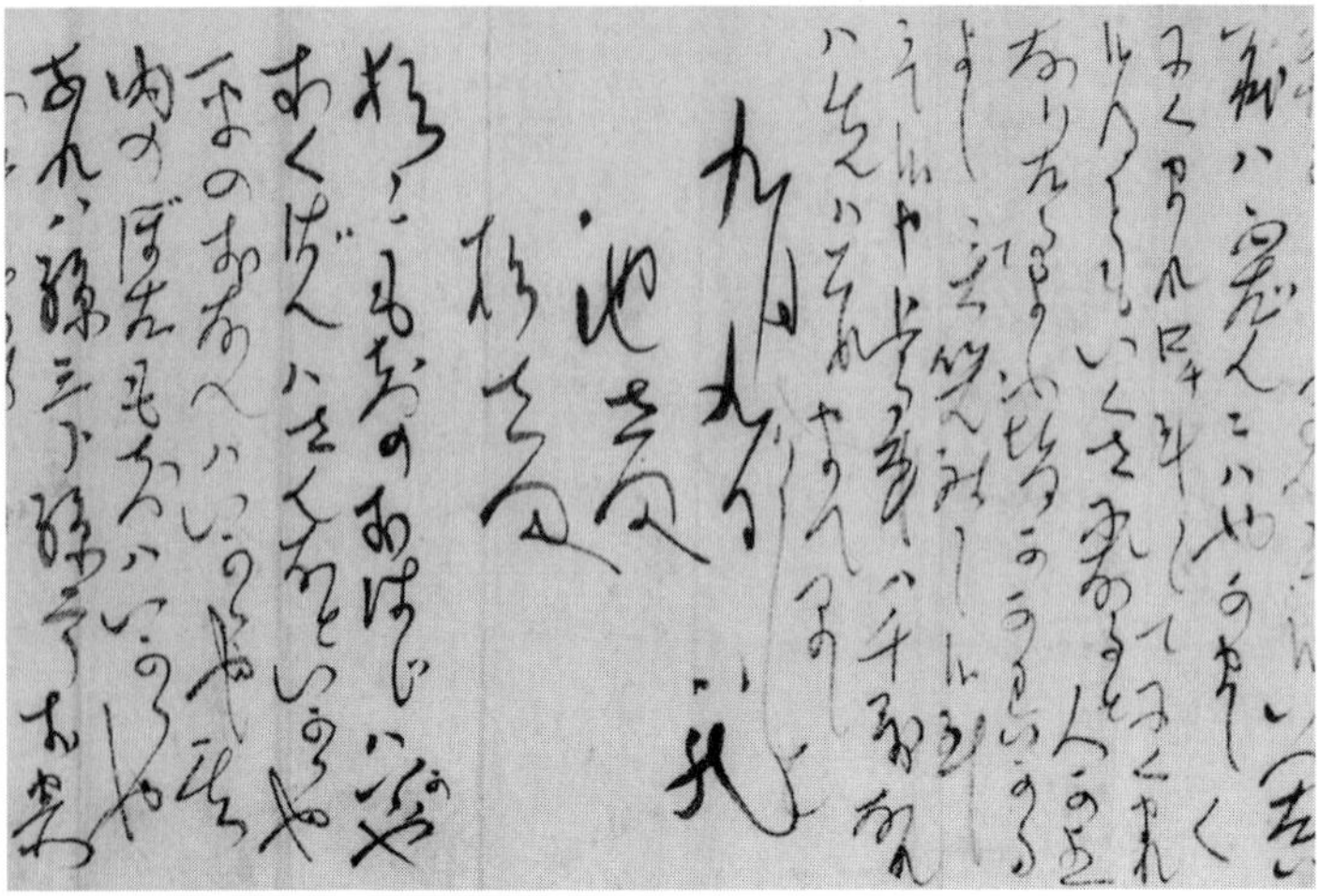

蔵ハふだんニハ、やかましく
にくまれ口チ斗いいてにくまれ
候得ども、いくさになると人がよく
なりたるよふ、皆がかわいがる
よしニて、大笑い致し候事
ニて候。申し上る事ハ千万なれ
バ、先ハこれまで、早々、かしこ。

九月九日　龍

池さま

杉さま

猶なお、もちのおばばハいかがや。
おくばんバさんなどいかがや。其
平のおなんハいかがや。
内のぼたもちハいかがや。
あれハ、孫三郎、孫二郎お養

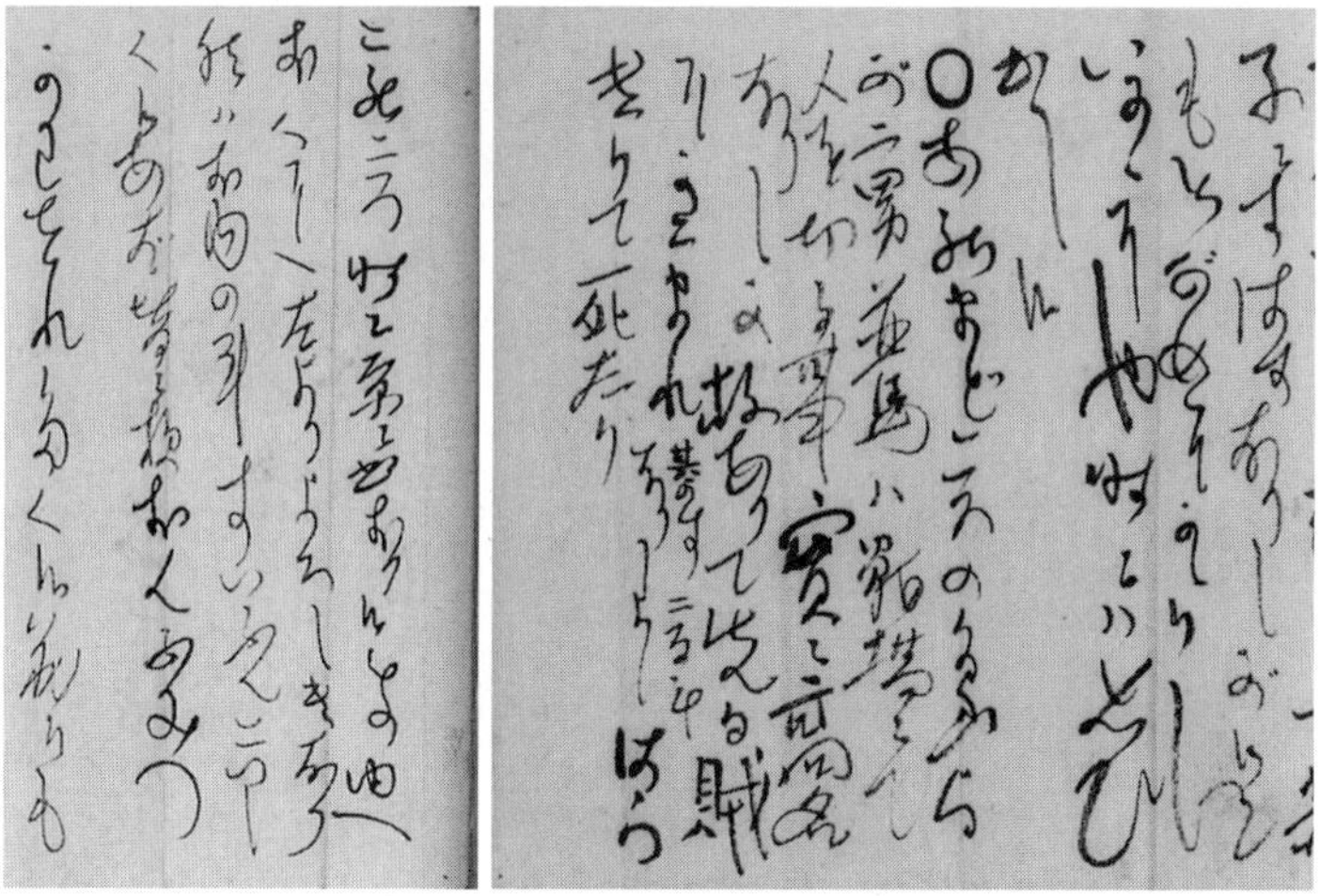

子ニすはずなりしが、是
もとがめにかかりし、
いかがにや時ニハ思ひ
出し候。
○あのまどころの島与
が二男並馬ハ、戦場ニて
人を切る事、実に高名
なりしが、故ありて、先日賊
にかこまれ（其かず二百斗なりしよし）はら
きりて死たり。

（ここから裏面）
このころ時ニ京ニ出おり候ものゆへ、
おくにへたよりよろしきなり。
然バお内の事、ずいぶんこいし
く候あいだ、皆々様おんふみつ
かわされたく候。蔵にも

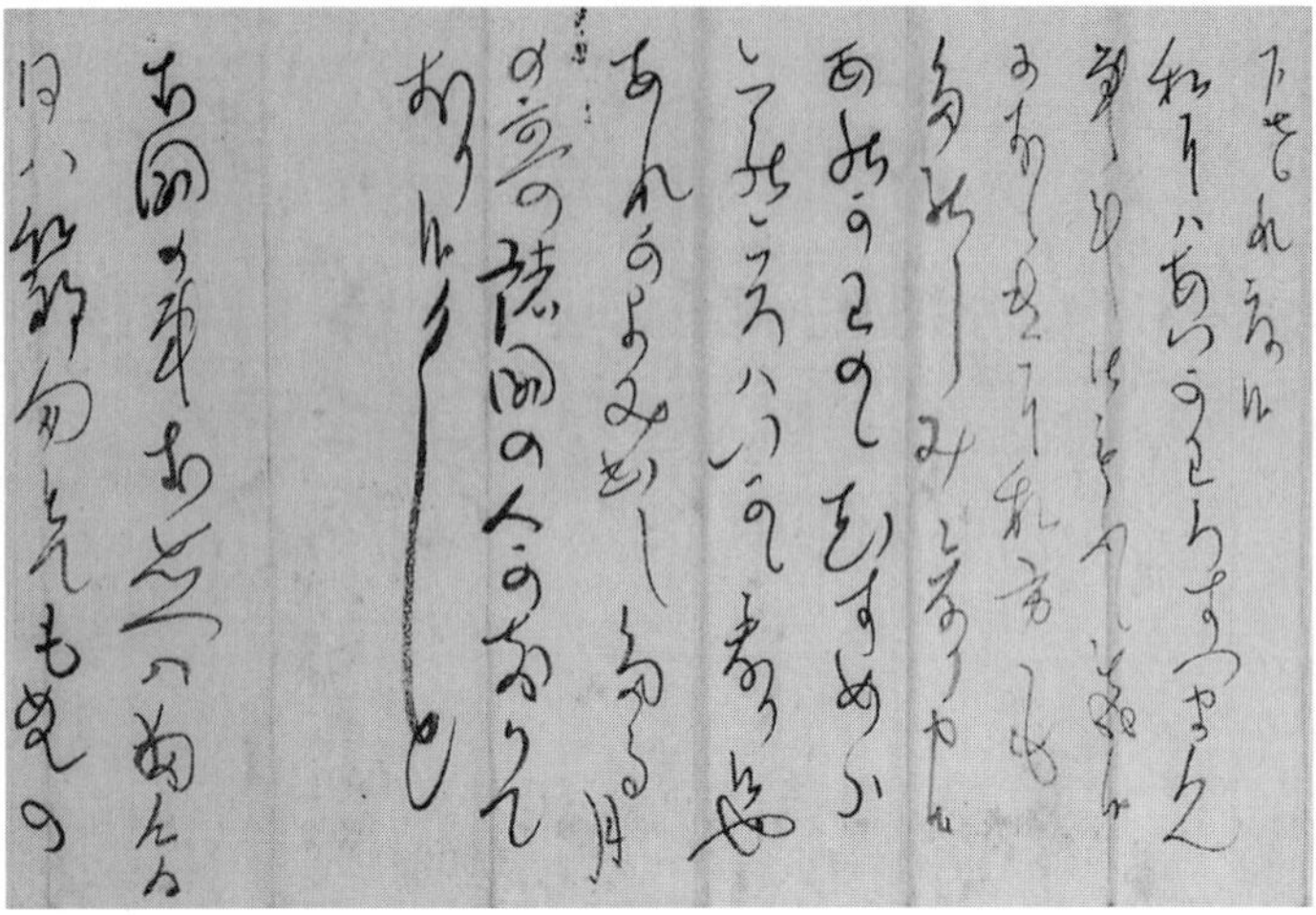

下され度候。
私にハあいかわらず、つまらん
事計御もふし被成候
か。おおきに私方も
たのしみニなり申候。
あのかわののむすめハ、
このころハいかがになり候や、
あれがよみ出したる月
の歌、諸国の人が知りて
おり候、かしこ。

お国の事お思へバ、扨今
日ハ節句とて、もめんの

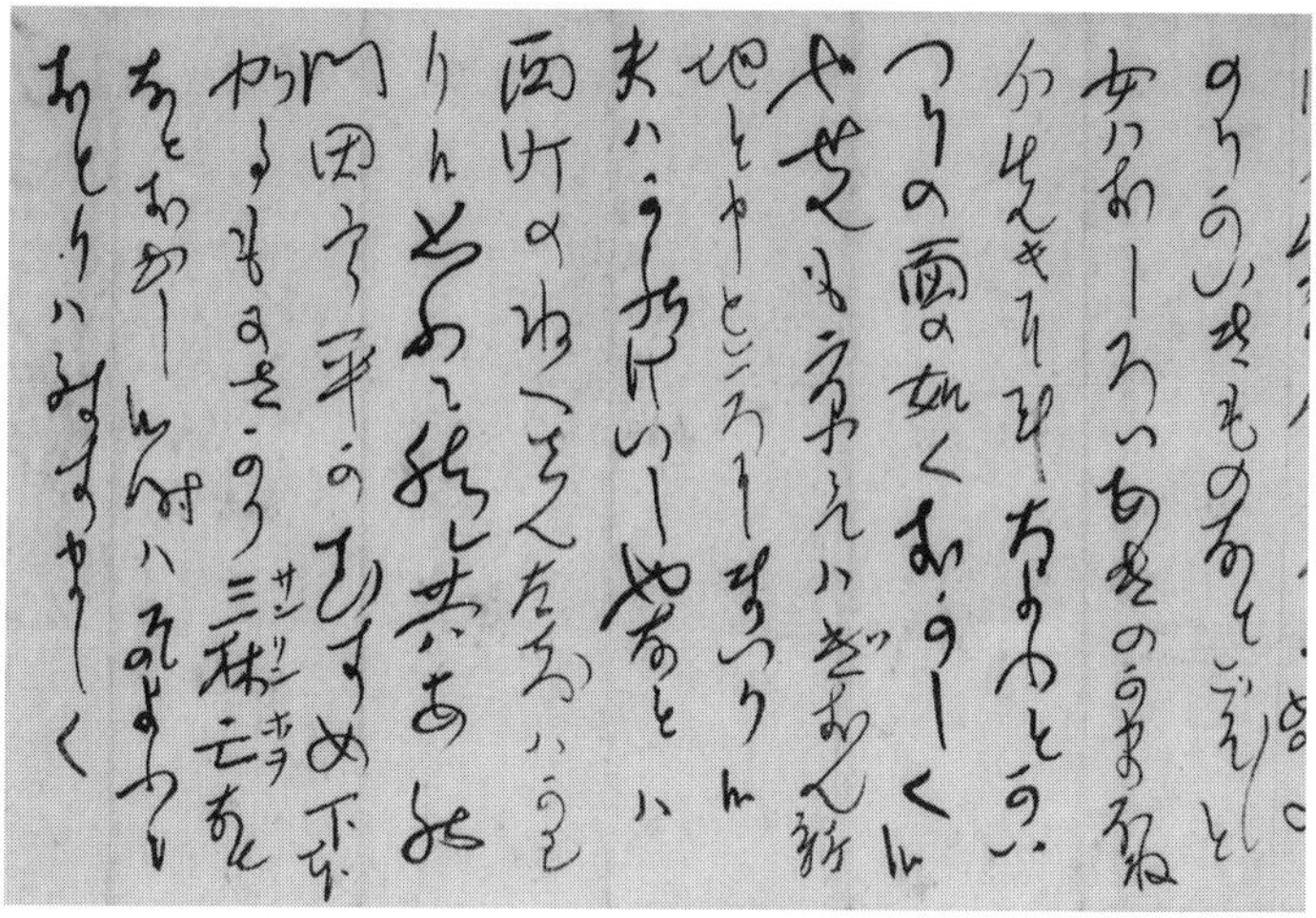

のりかいきものなどごそ〳〵と、
女ハおしろいあぎのかまほね
より先キに斗、ちよふどかい
つりの面の如くおかしく候
や。せんも京ニてハぎおん新
地と申ところにまいり候。
夫ハかのげいしやなどハ、
西町のねへさんたちとハかわ
り候。思ふニ、然レ共あの
門田宇平がむすめ下本
かるもが、さかり三林《サンリン》亡《ホヲ》など
などお出し候時ハ、そのようニ
おどりハ致すまじく、

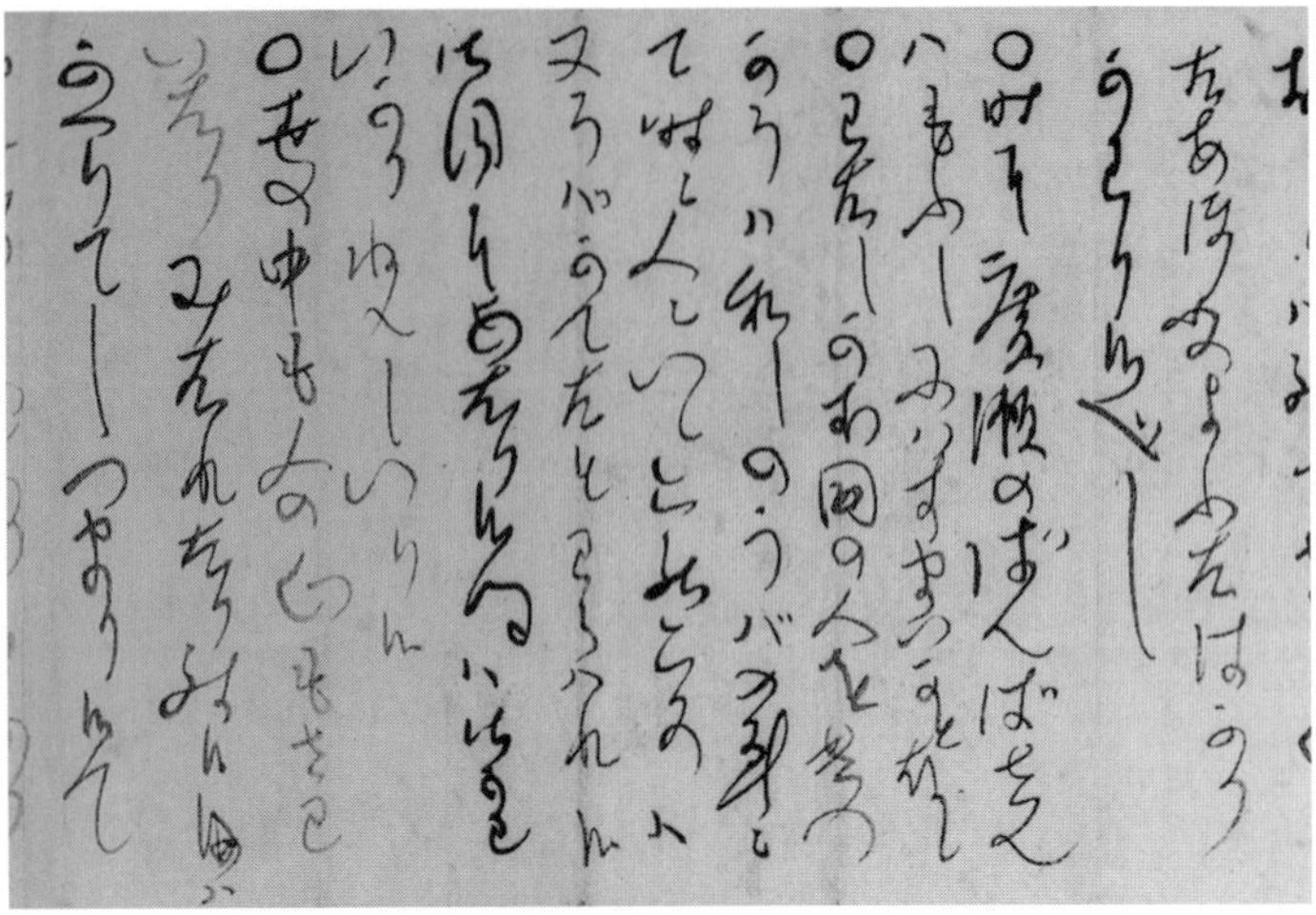

たあほうのよふたはかり
かわり候べし。
○時に広瀬のばんばさん
ハ、もふしにハすまいかと存し（候）。
○わたしがお国の人をきづ
かうハ、私しのうバの事ニ
て時々人にいい、このごろハ
又うバがでたとわらハれ候。
御目にあたり候得バ、御かわ
いがりねんじいり候。
○世の中も人の心もさわ
いだり、みだれたり致候得バ、
かえりてしづまり候て、

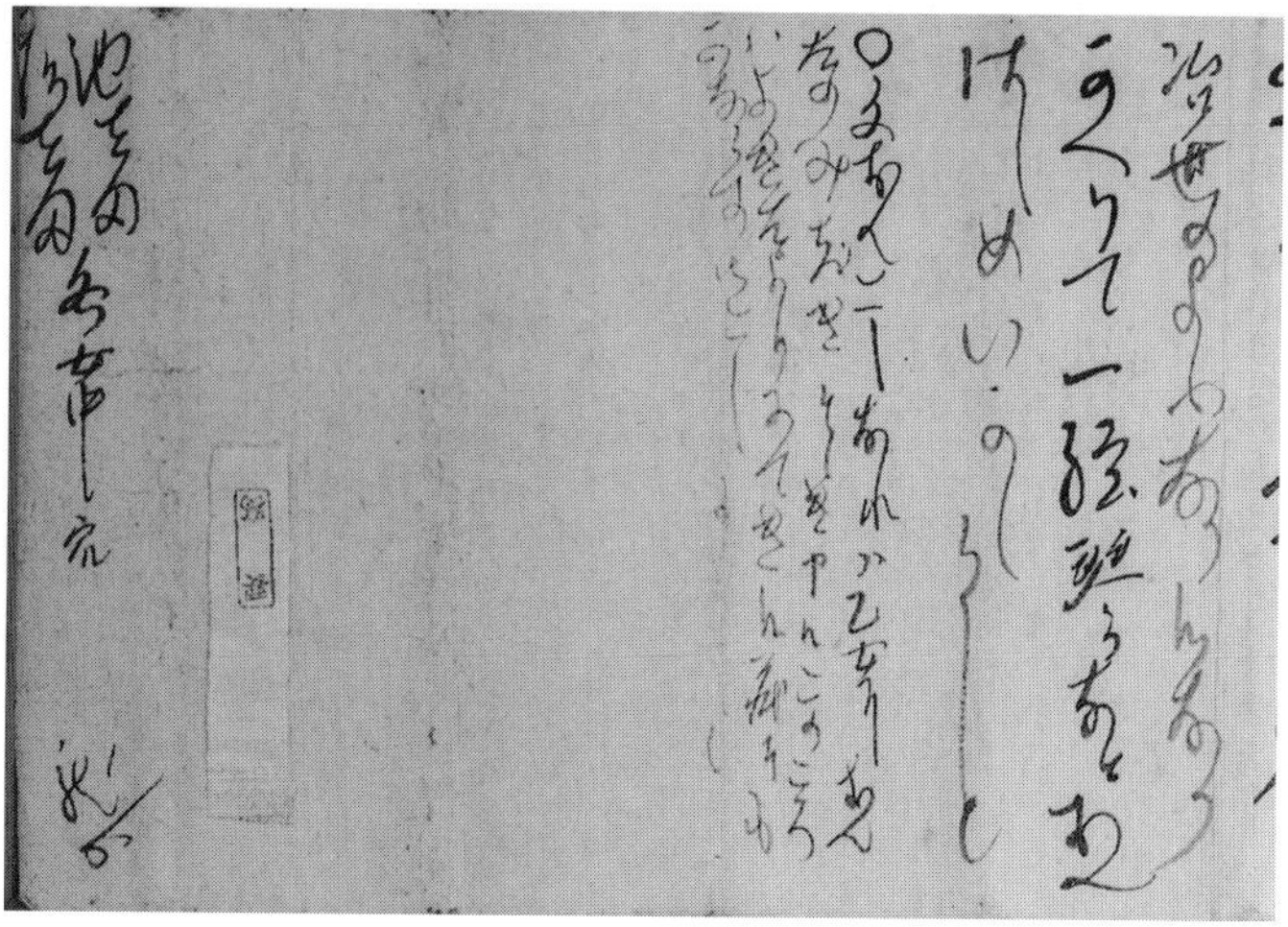

治世のよふなり候。なり
かへりて一絃琴などおん
はじめ、いかが。かしこ。
○文おんこしなれバ、乙女におん
たのみ、ぢきとどき申候。このころ
ハよきたよりにでき候。蔵にも
かならず御こし、かしこ。

ざっと現代語風に直してみると、

「池様
杉様
各女中衆　　龍馬より

折々の話は他の人からもお聞きのことでしょうが、初五月（慶応元年閏五月）に、私が長門国の下関というところに滞在しておりました時、長州にいる内蔵太に久しく会っていないので、どこにいるのかと人に尋ねたところ、同じ長州の中でも下関からは三日もかかる遠いところにいるというので、そのまま会いに行かなかったところ、突然内蔵太が別の用事で私の宿屋にやってきました。その偶然に、お互い「天なるかな天なるかな。奇妙奇妙」と手を打って喜び合いました。

この頃は内蔵太は病気もなく、はなはだ達者です。中でも感心したことは、一向に故郷家族のことを尋ねず、終日話し合ったのは天下国家のことだけでした。実に盛んと言うべきです。そしてお互い先々のことを誓い合い、今後はつまらぬいくさをするまい、つまらぬことで死ぬまいと互いに固く約束し合いました。土佐から天下へと出て行った勤王党の同志で、（天誅組や禁門の変などの）いくさで命を落としたものの数は八十名にものぼります。しかし内蔵太は八九度も戦場に出て弾丸矢石にさらされましたが、手傷は負っていません。

内蔵太が自慢して言うには「いくさ場で敵との距離が三四十間にも近づくと、双方で大砲小銃を撃ち合うと、自分の持っている鉄砲や傍らの大砲の車輪などに、飛んできてあたる銃弾の音がバチバチと聞こえ、その時たいていの兵士は敵方の銃火が見えると地面にひれ伏してしまう」と。内蔵太の論には「これほど近い場所で地面に伏しても、弾の飛んでくる速度は速いので無駄だ」として、よく辛抱して立ったまま兵士を指揮するのだと自慢しています。

大体、普段の内蔵太はやかましく、憎まれ口ばかり言って憎まれていますが、戦場ではこのように人が変わって勇敢になり、みな可愛がるということです。こんな話で二人は大笑いしたのでした。申し上げたいことは千も万もありますが、まずはこれまで。早々、かしこ。

九月九日　　龍（龍馬）

池さま

杉さま

なお「もち」のおばばはいかがか？

おくばんばさんなどはいかがか？

平のおなんはいかがか？

その家のぼたもちはいかがか？

あれは、孫三郎、孫二郎を養子にするはずでしたが、これも咎めにかかりました。いかがか？時々は思い出します。（小畑孫三郎・孫二郎兄弟は土佐勤王党員。二人は文久三年九月に藩の勤王党弾圧を受けて獄に入れられた。孫三郎は出獄後に病死。小畑孫二郎は維新後、司法畑を歩む。後の男爵小畑美稲。）

○あのまどころの島与の二男の並馬（島波間）は戦場で人を斬ること実に高名でしたが、故あって先日賊に囲まれ［その数二百人ばかり］腹を切って死にました。（土佐人、島浪間は文久三年に天誅組に参加し五条代官を斬り、敗れて後、中山卿を擁して長州に逃れた。元治元年に山陽道を遊説中の美作土井で賊徒と誤解され村人に囲まれて自刃。享年二十三歳。（『坂本龍馬全集』））

［ここから裏面］

私は最近は時々京都へ出ることがありますので、お国への手紙は届きやすいです。そんな訳で土佐の家のことなどをずいぶん恋しく思いますので、皆様の様子を文にて知らせて下さい。もちろん内蔵太にも手紙を下さい。

私には相変わらず、つまらないことばかりお申しになられるので、私の方も大いに楽しみにしています。

あの河野の娘はこの頃はいかがなりましたか？彼女が詠んだ月の歌は、今では諸国の人が知っています。かしこ。

お国のことを思えば、今日は九月九日の重陽の節句とて、糊をきかせた木綿の着物をごそごそと着て、女たちはおしろいをあぎのかまほねより先に塗り、ちょうどかいつりの面のように可笑しくしていることでしょう。

先日も京都の祇園新地というところに遊びに参りました。かの祇園の芸者などは土佐西町の姉さんたちとは違います。しかしながらあの門田宇平の娘下本かるもが、さかり三林亡などを出したときは、そのように踊りはしないでしょう。たあほうのよふたばかりかわりそうろうべし。（このあたり意味不明、門田宇平は土佐一弦琴の始祖とされる人物。）
○ときに広瀬のばんばさんはもう死にはすまいかと思いますがいかがですか？
○私が土佐の人を気遣うのは、主に私の乳母のことで、しばしば人に言うので、今では「また乳母が出た」と笑われています。もしも私の乳母にお会いになることがあれば、龍馬に代わって可愛がってやって下さるようお願いします。
○世の中も人の心も（今のように）騒いだり乱れたりすると、逆に鎮まるもので、平和なようになります。泰平の世になりかえって一弦琴でも始めてはいかがですか？かしこ。
○お手紙を下さるのであれば、乙女に頼めば私にすぐ届きます。この頃は頼りにできます。また内蔵太にも必ず手紙を書いて下さい。かしこ。」

というものである。

池内蔵太は文久三年秋の大和天誅組挙兵・元治元年七月の京都禁門の変にいずれも参加して敗走。翌慶応元年の夏、この頃には長州で軍事に携わっていたようである。土佐出身の志士、主に郷士からなる土佐勤王党員で土佐の外で活動する者のうち長州藩に身を投じるグループの一員であった(このほかに龍馬と長崎で活動する亀山社中のグループなどがあった)。池内蔵太の戦闘経験は大変豊富で、この手紙文の中に「蔵は八九度も戦場に弾丸矢石を冒し」とあるのは決して誇張表現ではないのである。

龍馬がこの手紙の冒頭で記した慶応元年五月の長州下関への訪問は、龍馬の構想である薩長同盟を長州側へ説明説得するためであった。長州藩指導部の桂小五郎、後の木戸孝允などに会ってそれを勧めようとしたのである。ただし不和の長かった長州藩と薩摩藩との間の同盟交渉には困難が多く、すぐに実現するようなものではなかった。龍馬や中岡慎太郎はこの同盟仲介のために暫く苦労をすることになるのである。もちろんこの池内蔵太あての手紙には龍馬が長州を訪れた本当の理由などは書かれてはいない。下関で会った内蔵太の消息を家族に知らせるのが目的の手紙であるし、同盟交渉そのものが極秘で進められていたからでもあろう。

再発見されたこの手紙の中で池内蔵太の戦場での武勇伝が細かく語られているのだが、それと同じ内容を乙女あての手紙にも書いている。

「池蔵ハ此頃八度の戦
段《ダン》々軍功もこれあり、
頃長州ニては遊撃軍
参謀《サンボヲ》「はかりごとにあづかる人」と申すものニ
なり、其勇気ありて諸
軍をはげまし候事故、
もの見の役《ヤク》をかね一軍四百人
の真先《マツサキ》ニ進ミて、馬上ニ
て蔵太がはたひとながれ
もたセ候事ニて候。」
（高知県立歴史民俗資料館蔵　部分）

この手紙には日付などないが慶応元年の七・八月頃に書かれたと推測されている。長州諸隊の中の遊撃隊の参謀となり、軍の物見を兼ねて馬で先頭に立っている池内蔵太の誇らしげな様子が伝わってくる文章である。

また龍馬は兄権平あての書簡にも池内蔵太の戦いぶりを書いている。

「一、池蔵太曰、いつの戦にても敵合三五十間に成て銃戦之時ハ銃の音のする時弱き方、必ず地へ伏し申候。此時蔵太ハ辛抱して立ながら号令致し候とて、夫が自慢にて候。」

（慶応二年十二月四日付坂本権平一同あて　写　部分　弘松家蔵）

この文章の内容は再発見された池内蔵太家族あての慶応元年九月九日付の手紙と共通している。龍馬が池内蔵太の家族にあてて書いた手紙は今回再発見されたものを含めて三通が知られている。

①文久三年六月十六日付　「池蔵尊母」あて　（高知県青山文庫蔵）

②慶応元年九月九日付　「池さま・杉さま」あて　（今回再発見　個人蔵）

③慶応二年一月二十日付　「池御一同」あて　（「関係文書第一」田中光顕旧蔵）

このうち①の手紙は文久三年初め頃に尊王攘夷のために脱藩し、長州へと走った内蔵太のことを擁護するため、同年六月に内蔵太の母親に送ったものである。

「朝廷というものハ国（土佐）よりも父母よりも大事にせんならんというハきまりものなり。」と記している。また土佐の家族が内蔵太の脱藩にめそめそしていては内蔵太を恥かしめることになるので気丈に応援しなさいとも書いている。池家は内蔵太脱藩の罪によって家屋没収の罰を被っていた。家族の嘆きを想像できるだけに、龍馬は強気で家族を励ましたのであろう。

また③の手紙の書かれた慶応二年一月二十日は実は大変重要な日である。龍馬が薩長同盟締結を見届けるために危険を冒して京都に入った時にあたる。

後の日本史を動かす重大転機となった薩長同盟の締結。龍馬は慶応二年正月に長崎から下関を経て危険な京都へ何とか入っていた。この手紙は同盟締結の直前に宿舎としていた伏見の寺田屋、あるいは京都の薩摩藩邸で書いたのであろう。この上京に際して池内蔵太は下関から長府藩士三吉慎蔵らとともに龍馬に同行していた。内蔵太は桂小五郎を中心とする長州代表団との関係が深いからである。龍馬や中岡慎太郎らが長い時間をかけて準備した薩摩藩と長州藩との同盟。この締結交渉は薩長双方が面子にこだわり続けたため、龍馬の入洛までは停滞していたとされる。この手紙を書いた一月二十日は池内蔵太らを伴い京都の薩摩藩邸に滞在中の桂小五郎などに会って交渉の進捗状況などを聞いた日であろう。

この池内蔵太の家族にあてた手紙③の中には内蔵太と同行していることや上京の理由、薩長同盟のことなどは全く書かれていない。それらは重大な機密事項だったからであろう。しかし池内蔵太と一緒だったからこそこのような手紙を内蔵太の家族に書くことになったと考えるのが自然である。また四ヶ月前の慶応元年九月九日に寺田屋で内蔵太の家族へ手紙を書いたのを思い出したこともあってのことであろう。

手紙③を抜粋すると、

「京に参り居候所、又また昨夜よりねつありて今夜ねられ不申。ふとあとさきおもいめぐらし候うち、私し出足のせつは皆々様ニも誠に御きづかいかけ候と存じ、此ごろハ杉やのばあさんハどのよふニなされてをるろふとも思ひ」

（中略）

「男の心ニハ女よりハべして女がこひしい事もあるが、あの年のわかい蔵太の玉のよふなるよめごを、なにぞふるきわらぢのよふ思ひきりて、他国へでるも天下のためと思へバこそ、議理となさけハ引にひかれず、又またこんども海軍の修行、海軍のというハおふけなふねをのりまはし、砲をうつたり、人きりたり、それハ〳〵おそろしい義理というものあれバこそ、ひとりのをやをうちにをき、玉のよふなる妻ふりすて、ひきのよふなるあかごのできたに、夫さへ見ずとおけいとハ、いさましかりける次第なり、かしこ。

正月廿日　　　　　　　　　龍

杉　御一同

池　御一同

あねにも御見せ。　　　　　　　　　　　」

病気で熱があるままに眠れず、ふと内蔵太の家族へ手紙を書き始めた。龍馬自身もそうなのであるが、脱藩して家族に迷惑と心配をかける志士というものの立場を龍馬なりの表現で伝えようとしている。内蔵太は土佐に玉のような若い嫁と生まれたての赤子を残していた。そのような妻子を「古き草鞋を捨てるように思い切り」、土佐藩を出て長州諸隊へ身を投じ、さらに龍馬の亀山社中で危険な海軍修行をしようとするのは「男の心にある天下のための義理」というものだと述べている。

この手紙の中にもまた故郷で世話になった女たちを懐かしがる表現が見られる。

龍馬は内蔵太の家族へこのような曲折した表現に満ちた手紙を送った。この手紙には薩長同盟への希望や不安は書かれていない。しかし歴史的な同盟締結直前の龍馬の複雑な心情が、また病気で熱がある状態で考えることがあって、このような手紙を書かせることになったのではなかろうか。

ちなみに京都の薩摩藩邸で同盟が締結されたのは翌日の一月二十一日、そして寺田屋で伏見奉行所の捕吏の襲撃を受けて、命からがら逃げ出したのは二十三日の深夜のことであった。

この手紙から一年近く後、慶応二年十二月四日の坂本権平・一同あての手紙でその寺田屋での遭難の様子は詳しく綴られているのだが、その中に寺田屋を逃げ出して夜の伏見の町を走るときのことを、「私病後の事なれバ、いききれあゆまれ不申」と記している。池内蔵太の家族へあてた手紙に符合する表現である。

池内蔵太は薩長同盟締結を見届けた後、亀山社中に参加した。「又またこんども海軍の修行」と龍馬の手紙にある。そして龍馬が池内蔵太を亀山社中に紹介する手紙がある。長崎の亀山社中で龍馬を補佐していた甥の高松太郎（多賀松太郎）へ書き送ったものである。


「細左馬事、兼而海軍の志在。

曽而馬関を龍と同伴ニて上京致候。

在故て薩に下らんとす。

今幸ニ太郎兄が帰長の事を聞ク。

今なれバ彼ユニヲンに左馬をのせ候ても宜かるべく、
左馬事ハ海軍の事ニハ今は不功者と雖ども、度々戦争致候ものなれバ、随分後にハ頼も敷ものとも相成候べしと楽居候。

もしユニヲンのつがふが宜しいとなれバ、西吉、小大夫の方ハ拙者より申談候てつがふ宜く候。

能御考可被下候。早々頓首。

八日　　　　　　　　　　龍
此書錦戸ニ頼ミ遣ス。
但シ太郎ハ又変名在之。
多賀松太郎様　　　　　龍　」
（慶応二年三月八日付　高知・個人蔵）

現代語風に直せば大意は

「細川左馬介（池内蔵太）のこと、かねて海軍の志があり、かつて（薩長同盟締結の立会いのため、昨年末に）下関を私龍馬と同伴で出発、上京しました。今は故あって薩摩に下ろうとしています。今幸いに（高松）太郎が長州に帰ることを聞きました。今ならば、かのユニオン号に左馬介を乗せても良いでしょう。左馬介は（陸戦は得意でも）海軍のことには今は不得意者ではあるのですが、陸ではたびたび戦場で戦ってきた者であるので、海軍もなれた後には頼もしい者になるだろうと思い楽しみにしています。もしユニオン号の都合が宜しい（長州もＯＫ）となれば、薩摩の西郷吉之助、小松帯刀の方へは私から話をして断っておきます。このことよくお考え下さい。　早々　龍馬」

ユニオン号は慶応元年十月に、長崎で亀山社中が仲介し、薩摩藩の名義で長州が英商グラバーから購入した蒸気船の名である。薩長同盟実現への布石となる船であった。薩摩藩では「桜島丸」、長州では「乙丑丸」という名であった。平時には長州ではなく亀山社中の人間が操船し海運業に用いることが長崎で購入する際の条件であったのだが、船の使用権を巡って資金を出した長州側ともめていた。そのような経緯の船なので、乗船には薩摩・長州そして亀山社中の了承が必要だったのであろう。池内蔵太（細川左馬介）をユニオン号に乗せて海軍修行させることを本人も龍馬も望んでいたことが分かる。ちなみに内蔵太の死後、慶応二年の夏にはこのユニオン号（桜島丸）は龍馬らが操縦して関門海峡で幕府軍と戦うことになる。

慶応二年の三月、京都の薩摩藩邸で療養していた龍馬は三月四日におりょう・内蔵太らとともに大坂を薩摩船三邦丸で出航し、九日には長崎に着いている。したがって、この三月八日付の高松太郎あて書簡は下関に寄港した際にでも書いて託したのであろう。池内蔵太は長崎で亀山社中に合流した。そして龍馬とおりょうはそのまま鹿児島へ向かった。彼らの新婚旅行として知られる霧島山登山や温泉での湯治を行なった旅であった。

一方長崎の亀山社中に加わった池内蔵太は慶応二年の五月二日、薩摩藩が亀山社中に貸与する目的でグラバーから購入した風帆船「ワイルウェフ」号に乗船して長崎から鹿児島へ向かう途中、五島列島塩合崎沖で暴風雨に遭い難破水死したのである。そのことを龍馬は次のように書いている。

「ここにあはれなるハ池蔵太ニ而候。九度の戦ひに、いつも人数を引て戦ひしに、一度も弾丸に中らず仕合せよかりしが、一度私共之求しユニヲンと申西洋形の船に乗り、難に逢、五嶋の志ハざきにて乱板し五月二日之暁天に死たり。人間一生実ニ猶夢の如しと疑ふ。杉山えも此事御咄し被成度、」

（慶応二年十二月四日付坂本権平・一同あて書簡　写　部分　弘松家蔵）

蒸気船のユニオン号は池内蔵太の乗った風帆船ワイルウェフ号を曳航していたのだが、嵐のためやむなく綱を切り離したというのが正しい。

龍馬はこの手紙の中で遭難場所近くの陸地に池内蔵太を含む水死者の墓を建てたことを記している。墓は現在の長崎県南松浦郡有川町江ノ浜郷にある。

跳ね返り者だが勇敢で、天下国家に意見を持つこの若者を龍馬は弟のように可愛がっていた。土佐の内蔵太の家族へあてた手紙にもそれはよく現れている。その内蔵太が亀山社中に入ったのは龍馬の強い勧めがあったからである。しかしながら池内蔵太があれほど活躍し自慢した戦場ではなく、亀山社中の船で遭難死したことは龍馬にとって深く悔やまれることであった。「人間の一生は実になお夢のごとし」と述べるほかはなかったのである。

(二) 土佐の女たちのこと

この再発見された池内蔵太家族あて書簡(慶応元年九月九日付)の後半部分には天下を忙しくかけ巡りながらも、ふとした拍子に思い出す土佐高知城下の女たちのことが様々に書かれている。

その女性たちとは

「もちのおばば」

「おくばんばさん」

「平のおなん」

「西町のねへさん」

「下本かるも」

「広瀬のばんばさん」

「私しのうバ(乳母)」

などである。

龍馬が幼い日から世話になったり遊んでもらったり、色々な交流のあった近所や親戚の女性たちなのであろう。土佐弁まるだしでおしゃべりする女たちなのだろう。

だれそれは元気か？もう死んではいまいか？お会いしたら龍馬が宜しくと言っていたよと伝えてくれ、などなど。

「下本かるも」という女性は「下元刈藻」といい、美人の誉れが高かったとされる（『坂本龍馬全集』）。

また文末近くに書かれた「乱れているように見えて、かえって世は鎮まり、泰平となるのです。穏やかに一弦琴でも始めてはいかがですか」という部分も面白い。おそらく小高坂の池家の女たちが政治議論したり薙刀を振り回したりと、男と同様の乱世のふるまいをしているのを受けての文章であろう。慶応三年六月二十四日付乙女・おやべあての龍馬書簡（京博蔵）にも小高坂あたりの女性たちが国事や勤王を論じてさわがしいことを龍馬がいさめる内容の文章がある。

龍馬はこの手紙で自分の乳母についても書いているが、この二日前に書いた別の手紙でこうも記している。

「追白、乙大姉ニ申奉ル。かの
南町のうバはどふしている
やら。時々きづかい申候。もはや
かぜさむく相成候から、

なにとぞわたもの御
つかハし。私しどふも百里
外、心にまかせ不申。きづかい
おり候」
（慶応元年九月七日付坂本権平・乙女・おやべあて　部分　高知県立歴史民俗資料館蔵）

おやべは乳母ではなく春猪の別称だということは前章で述べたが、この文面を読むと龍馬の本当の乳母は坂本家ではなく南町にいたようだ。秋も深まって寒くなったので綿入れの着物を差し上げて下さいと記している。このような自分の乳母への気遣いを手紙に書いたり人にしゃべったりするので、「またうバがでた」（慶応元年九月九日付池内蔵太家族あて書簡）とまわりに笑われることになるのである。

龍馬の実母幸は病弱で、龍馬が十二歳の時に亡くなったとされる。龍馬は三人の姉たちや「南町の乳母」に育てられた。龍馬の女性へのいたわりやこだわりはそのような龍馬の育った環境の影響と推測されるのである。

この池内蔵太家族あての手紙に見られる故郷の懐かしい人びとへの思いを記した文章はとても龍馬らしいと言うべきであろう。海軍の修行だ、亀山社中だ、薩長同盟だ、と「天下の世話」のために東奔西走を続けていた龍馬なのだが、そのような忙しさの中でふと思い出すのは故郷のおばばたちであった。そのような者への思いやいたわりが様々なかたちで表現されているこの手紙は、今に残る数多い龍馬の書簡の中でもとてもいい手紙だと言える。これまで活字では知られていた手紙ではあったが、実物に触れて改めて龍馬の息遣いを感じることができたのである。

なおこの慶応元年九月九日にはもう一通、乙女・おやべあての手紙（京都国立博物館蔵）を書いているが、その途中には

「かえすがえすも今日は九月節句とて、おやべがこんぺいとうのいがたが、おしろいにてふさがり候こと察しいり候。」

というフレーズがその前の文章とは全く関係なく突然出てくる。その「かえすがえすも」とは池内蔵太家族あての手紙の「お国の事お思へバ、扨今日日ハ節句とて」と符合する。おそらくまず乙女・おやべあての手紙を書き、次に池内蔵太家族あての今回再発見の手紙を書いたのであろう。それを書き終えて後、さらに先に書いた乙女・おやべあての手紙に戻って追記したのであろう。この部分だけは小さな文字で別に書き加えたようになっている（67ページ写真）。土佐の女たちが今日九月九日の節句に顔を白塗りしていたなあと池内蔵太家族あてに書いて、ふと思い出して「おやべ」の顔も今頃白粉で真っ白なのか、と先に書いていた乙女・おやべあての手紙に追加記入したのであ

ろう。

池内蔵太家族あての手紙の文章が紙裏にまで及んだのはもう便箋がなかったからだろう。乙女・おやべあての手紙の紙は縦一五・九㎝、池内蔵太家族あての手紙は縦一六・二㎝、両者は紙質・墨色・筆致の特徴が全く一致する。同じ便箋に同日に記したことは間違いない。

この九月九日は伏見の寺田屋で故郷あての手紙をいくつか書いたのだろう。そしてその数通の手紙は高知上町の坂本家にまとめて送られ、内蔵太の家族へは乙女が届けたのであろう。池内蔵太家族あての手紙は見られて困るような内容ではないので、名前の出てくるような関係する女性たちはこの手紙を回し読みして笑い合ったに違いない。

(三) もう一通の手紙―武力倒幕論―

この池内蔵太家族あての手紙と一緒にもう一通の龍馬書簡が現れた。署名も宛名も日付もないものだったが、その文字の特徴からひと目で龍馬の筆跡と判断された。入っていた封筒にも後世の文字で「坂本龍馬書簡」とある。

手紙は写真を撮らせていただいただけで、その場ではよく分からなかったのだが、博物館へ戻り、宮地佐一郎の『龍馬の手紙』を調べた結果、同書五一六頁の「坂本乙女あてか」(推定、慶応二年夏頃）のものと分かった。

その手紙の全文は116～118ページに記した。

文章は龍馬らしいものであり、「大和（ヤマト）」や「野州（ヤシウ）」など漢字に振り仮名を付けたりする特徴などから、平尾道雄や宮地佐一郎が推定したように姉乙女にあてた手紙と見ることができる。

書かれた年月日が分からないので文意もまた左右されるのであるが、「慶応二年夏頃」よりも書かれた時期幅を広げて慶応元年～慶応二年頃の範囲で考えてみたい。

手紙を現代語風に直してみれば
「私「事」ははじめから皆とは少々論が異なっていたので、相変わらず自分の見込んだ所（海軍の修行）を致していたのですが、皆はどうしても「事」ができないので、はじめは私を悪く言い、私を死なそうとばかりしていた者も、この頃は皆々何となく私を恋慕って相談をするようになってきました。これは実に嬉しいことです。世の中に「義理」というものがようやくだいぶん分かってきたようです。

私は近々大きな戦争をいたし、将軍家を地下にする（諸侯の列に落とす、あるいは殺す）つもり

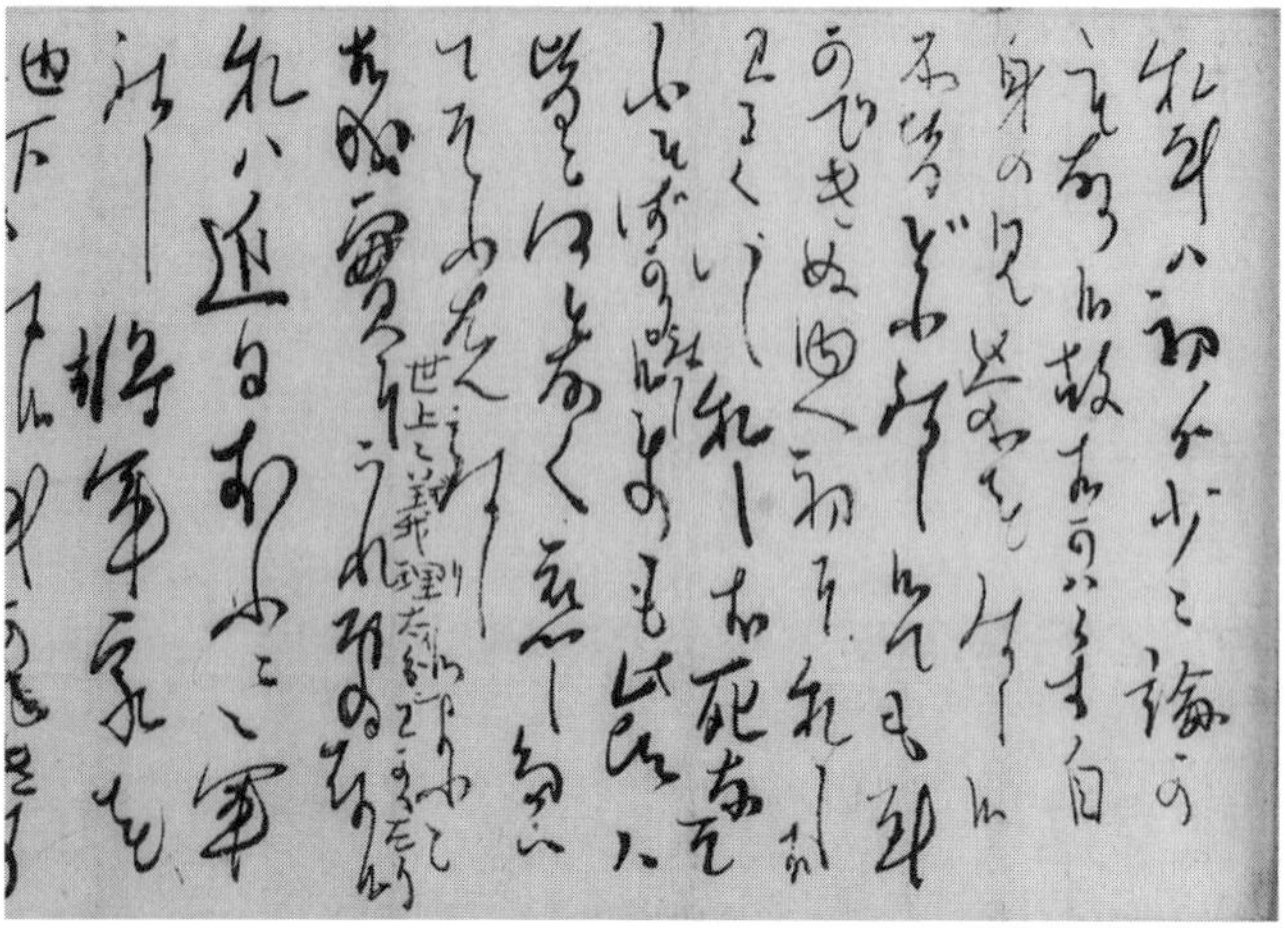

推定慶応元年～二年頃　乙女あて　大阪・個人蔵

私事ハ初より少々論が
ことなり候故、相かハらず自
身の見込所を致し候
所、皆どふ致し候ても事
ができぬゆへ、初に私しお
わるくいい、私しお死なそ
ふとばかり致し候ものも、此頃ハ
皆々何となく恋したい
てそふだん致し候よふニ
（世上ニ義理太イ分わかりたり）
相成、実にうれ敷存候。
私ハ近日おふおふ軍
致し、将軍家を

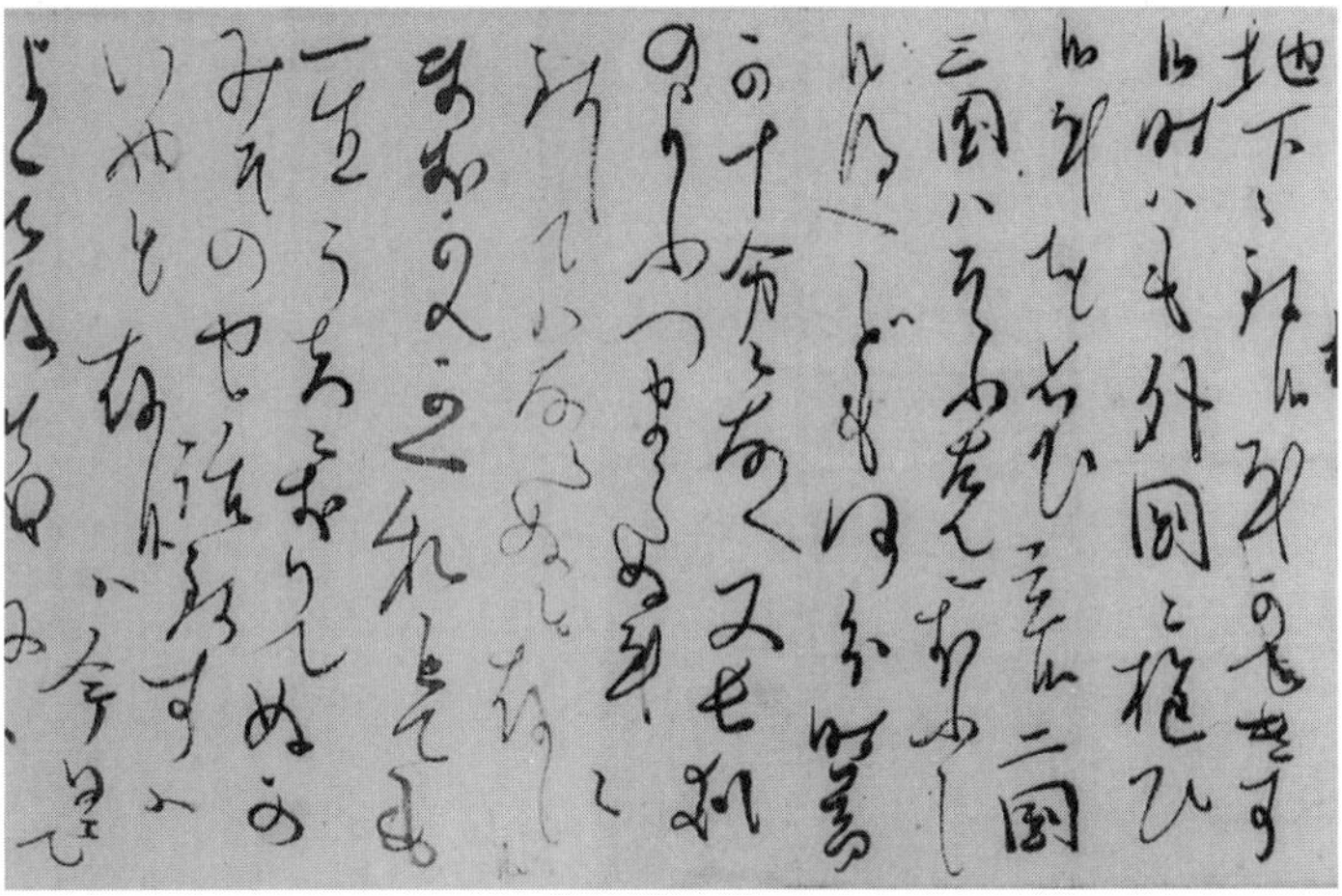

地下ニ致候事ができず
候時ハ、も外国ニ遊び
候事を思い立候。二国
三国ハそふだんニおふじ
候得へども、何分時節
が十分ニなく、又長州
のよふつまらぬ事ニ
致してハならぬと存じ候。
まおかんがへ。私とても、
一生うちニおりてぬか
みその世話致すハ
いやと存候バ、今日ニて

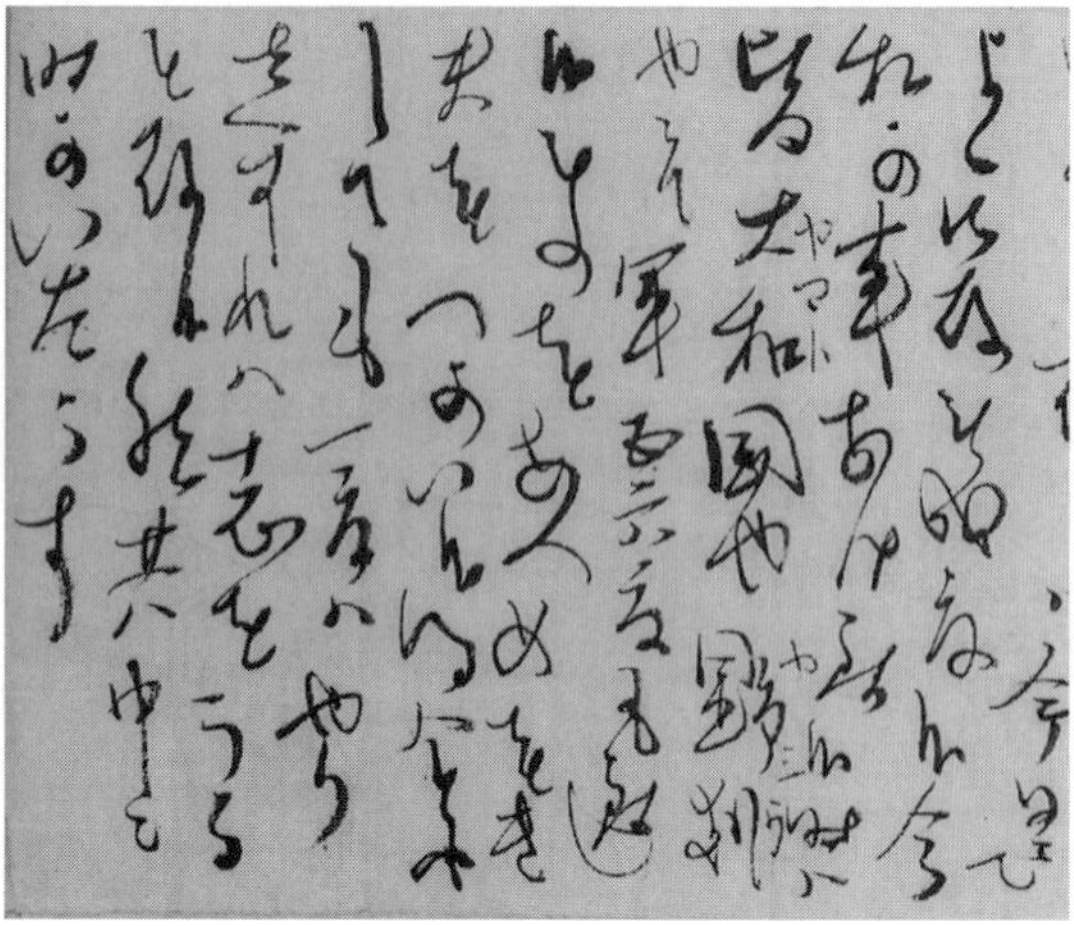

よく御存被成度候。今
私が事あげ致候時ハ、
皆大和《ヤマト》国や野州《ヤシウ》
やニて軍五六度も致し
候ものをあつめをき、
夫をつかい候得バ、どふ
しても一度ハやり
さへすれバ、志をうる
と存候。然共、中々
時がいたらず。

ですが、それが実現できない時は、もう外国へ遊ぶことを思い立っています。二国三国はその相談に応じてくれますが、何分時節が充分ではなく、また長州のようにつまらぬことにしてはならんと考えています。

まあ考えて見て下さい。私としても一生家にいて糠味噌の世話をするのはいやと思います。その点、ご承知置き下さい。

今度、私が「事」あげする時は大和国（天誅組挙兵）や野州（生野の乱）などにて戦闘を五六度も経験した勇者を集め置き、彼らを兵隊として使えば、どうしても一度はやりさえすれば志を得ることができると考えます。しかしながらなかなかその時に至りません。」

このようなものになる。

意味の取り辛い語句がいくつかある。文意全体を左右する問題なので慎重に考えてみたい。

まず「事」という字が三ヶ所出てくる。この「事」とはどういうことなのか。「勤王」なのか「倒幕」なのかあるいは「攘夷」なのか。過激な意味なのでわざと「事」とぼかして書いているのだろう。「実効性のある倒幕戦」とでも考えるべきであろう。

また皆とは誰だろうか。郷士を中心とする土佐勤王党の出身者で龍馬のグループとは別の急進的な倒幕論者たちのことであろうか。大和天誅組の挙兵で敗れていく吉村寅太郎らや、長州藩に加担して軍事行動を進める中岡慎太郎・池内蔵太らなどであろうか。「はじめは私龍馬を悪く言い、私を死なそうとばかりしていた」とある。これは土佐勤王党を弾圧し、武市半平太らを処刑した後藤象二郎らの上士グループのようにも読める。「この頃は風向きが変わり私に相談を持ちかけるようになりました。嬉しいことです。」とあるので、慶応二年後半から長崎の龍馬に接近してくる後藤象二郎を中心とする土佐藩上士の態度を指しているようでもある。しかしそれ以前の土佐勤王党の別派の動向とも考えられる。

「義理だいぶん分かりたり」と小さな字で書かれている。「義理」とは現代的な意味での義理、すなわち人間関係の貸し借りや恩義のような意味ではないようだ。池内蔵太の家族にあてた手紙に「議理となさけハ引にひかれず」とか「おそろしい義理というものあればこそ」(慶応二年一月二十日付)などの表現が見られる。龍馬は「義理」を「天下国家の正しい理念・国家のために果たすべき役割」とでもいう意味で使っているようである。龍馬が考え行動してきた方法を皆が分かってくれるようになって嬉しいと述べている。

「はじめから皆とは少々論が異なるので、相変わらず自分の見込んだところをしています」とは、様々な直接軍事行動ではなく「海軍の充実こそが国を救う道だとして海軍修行に励み続けた」ことを指しているのであろう。

手紙の後半では「私は近日大きな戦争をして将軍家を「地下」にする」と記している。それができない時は外国に行くとも述べている。明確で自発的・積極的な武力倒幕論である。「地下に致す」とは「殺す・死なす」という意味なのか、あるいは「諸侯の列に落とす・普通の人に戻す」という意味なのか、分かり難い表現である。ここでは後者の意味としたい。朝廷のもとで徳川将軍家も一大名として他の外様諸藩と同列に政治参加する、ということであろう。

「二・三国が相談に応じた」とは倒幕戦争に加担する薩長などの西国雄藩のことなのか、海外へ出て行くことを助けてくれる英国やオランダ国のような外国のことなのであろうか。文意は取り辛いが前者のようである。

また「長州のようにつまらぬことをしてはならん」とはどういう意味なのであろう。慶応二年六〜七月の幕府軍との四境戦争（第二次長幕戦争）には長州は大勝利を収めたので「つまらぬ」とは言い難い。あるいはその前、元治元年七月の禁門の変、すなわち京都での無謀な戦闘のことであろうか。また外国との関係では文久三年〜元治元年の関門海峡での外国船砲撃とその反撃を受けたことであろうか。とても意味が分かり難い。しかし手紙の年代的な位置付けには肝心な部分であり、「長州がしたつまらぬこと」とは何かよく検討すべきである。

「一生家にいて糠味噌の世話をするのはいや」とは脱藩などせず家にいて退屈な泰平の暮らしを続けるのはいやである、との龍馬の考えである。坂本家の後継者を断ったこととも関係する表現なのだろう（第二章参照）。このフレーズで思い出すのは、慶応二年十二月四日付乙女あて書簡の「うちにおりてみそよたきぎよ、年のくれハ米うけとりよなどよりハ、天下の世話ハ実におふざツパいなるものニて、命さへすてれバおもしろき事なり。」（京都国立博物館蔵）という文章である。両者の手紙が近い時期のものであることを示しているようにも思える。

「私が事を起こすときは大和国天誅組の乱や生野の乱の参加者など歴戦の兵士を集めて使いたい。そうすれば志を得ることができよう。けれどもなかなかその時が満ちていないのだ。」とあるが、文久三年の天誅組や生野の乱に触れていることは、この手紙が慶応二年や三年には降らないようにも感じられる部分である。慶応元年頃の状況であろうか。

戦争の予感と、その時期を計る龍馬。第二章で見た「小野小町が〜」の手紙が書かれた元治元年六月には「まだその時期（倒幕の時期）ではない」との慎重な見方が記されていたのであるが、この手紙には「事を起こす」「大いくさ」「しかしまだなかなか時が満ちていない」などの表現がある。したがって元治元年六月の「小野小町が〜」の手紙と内容的に関係があり、なおかつ時期の降る手紙であることは確実である。この手紙が書かれた時期は慶応元年から慶応二年にかけてと範囲を広く考えておきたい。

龍馬が大政奉還論を主張する平和的革命論者だったことは、薩長の武力倒幕論に対比してよく論じられるところだが、この手紙には明確に積極的な武力倒幕論が記されている。龍馬の革命論「日本のせんたく」が決して平和的なものだけではないことが記されているのである。

この手紙には署名も宛名も日付もない。家族に迷惑をかけないためにわざと書かなかったのであろう。幕威の衰えた慶応年間とはいえ「将軍家を地下に致す」などと直接的な倒幕論を手紙に記すのはやはり危険なことであっただろう。また具体性の乏しい文章は龍馬が重大な内容をわざとぼかして書いているのではなかろうか。もちろん手紙を受け取った土佐の家族はその筆跡や内容から龍馬が書いたことはすぐに分かったであろう。

この手紙は龍馬が自分の近況を知らせたものではない。また家族へ「どうしてますか」などのいたわりを書いたものでもない。現存する家族あての手紙のスタイルとはかなり異なるものだ。あるいは別の手紙に付属して送られてきた文章なのかもしれない。また乙女からの「なぜ挙兵して戦わないのか」と責めるような龍馬あての手紙があって、それに対する返事のようなものではないかと想像されるのである。

年代の位置付けに苦慮し、充分に読み込むことを拒絶するような内容だが、坂本龍馬の思想や行動方針をよく示した手紙であり、今後も検討を加えねばならない重要な書簡と評価することができるのである。

■コラム■　土方歳三の書簡を読む

京都国立博物館での新選組展のもうひとりの主役は副長を務めた土方歳三であった。展覧会では合計六通の土方の書状を展示した（うち一通は代筆）。土方歳三は龍馬と同じ天保六年（一八三五）に武州多摩石田村の豪農の息子に生まれた。京都での新選組結成後は副長として隊を掌握し、新選組の強化に努めたとされる。

土方は若いときに書を親戚の本田覚庵に師事して市川米庵流を学んだと伝えられている。今に残る彼の書状を見ると、その文字は流麗で女性的であり、それなりの美意識の持ち主であることが分かる。行間が均一で一行が垂直に書かれ、左右へ歪んでいない点は龍馬の書簡とは対極にあると言って良い。

土方の書簡の内容は時候の挨拶や無沙汰の詫びや連絡事項などであり、文章は定型化したものが多い。ただし多摩小野路村の小島鹿之助へあてて送った元治元年九月の手紙には「婦人恋文差し上げますので御一見下さい。」という文面が見られる。土方が京都の祇園や上七軒などの花街の女性から恋文をもらいそれを束にして多摩の関係者に送ったらしい。同様の内容の別の手紙が小島家に残っている。美男子で有名だった土方歳三ならではの文面である。

また日野の佐藤彦五郎らにあてた元治元年十月の書簡には、池田屋騒動を経て有名となった新選組への入隊を希望する武州多摩の天然理心流の門下生らがあり、彼らが「刀も持たず、昔のままに馴れ馴れしくやってくることは不面目なので」そのような者を京都へ遣さないようにと記されている。新選組の強化を図る土方にとっては、けじめのない人間は拒みたかったのであろう。そのような文面以外、男性あての書簡ばかり残っているので土方の本心を吐露するような手紙文は残念ながら伝わってはいないのである。

第四章　龍馬書簡のおもしろさ

(一)　龍馬書簡の変遷

坂本龍馬の手紙をその年代順に整理してみると次のようになる。

嘉永六年	（一八五三）	一通
安政三年	（一八五六）	一通
安政五年	（一八五八）	二通
文久元年	（一八六一）	二通
文久二年	（一八六二）	○通
文久三年	（一八六三）	七通
元治元年	（一八六四）	一通
慶応元年	（一八六五）	十二通
慶応二年	（一八六六）	二十五通
慶応三年	（一八六七）	八十一通

年代が推定であるものを含み、なおしぼりきれないものを除外するとこのようなものになる。未発見や消滅した手紙も当然あったであろうから、数字よりはその多寡に注目していただきたい。興味深いことは龍馬が土佐を出奔した文久二年の手紙が一通も残っていないことである。この年は志士としての活動が始まったばかり、勝海舟に弟子入りしたのも文久二年の年末近くとされることから、手紙を家族にも出さず、男性間でやりとりされた手紙も少なかったと推測される段階である。出奔後およそ一年を経た文久三年の三月二十日に記した手紙が有名な「扨もさても人間の一世ハ〜」で始まる乙女あての手紙である（京都国立博物館蔵、第二章参照）。手紙文の内容から見てこれ以前に坂本家へ消息を知らせていた可能性は低いように感じられる。脱藩後初めての手紙として良いだろう。

この文久三年にはこの三月の手紙を皮切りに五月・六月・八月・九月頃と立て続けに故郷の人々への書簡が書かれている。姉の乙女、池内蔵太の母、川原塚茂太郎などへあててである。その内容は神戸の海軍操練所の充実ぶりと、自分が関わる坂本家の養子問題、池内蔵太脱藩の弁護などである。しかしながらこの文久三年の十月頃から翌年にかけて手紙はふっつりと途絶えてしまう。

元治元年の一通は第二章で触れた「かの小野小町が〜」の短い手紙である。これは元治元年の六月二十八日付姉乙女あての不思議な内容の手紙であった。現存するものはこれだけである。激動の元治元年とはいえ家族へ手紙を書く暇もなかったのであろうか。あるいは土佐へ送られてきた手紙のすべてが保存された訳ではないのだろうか。この時期の龍馬の考えを知る手がかりは少ないのだ。七月の禁門の変を経て神戸海軍操練所の閉鎖へと、龍馬を取り巻く環境は大きな変化を見せていた。前年の文久三年に手紙であれほど自慢した海軍操練所の閉鎖廃止が龍馬に与えたショックの大きさが想像されるのである。また妻となるおりょうを知ったのもこの元治元年前半のことらしいのであるが、そのおりょうを手紙で家族に紹介するのは翌慶応元年の九月を待たなければならない。

元治元年の手紙は一通のみである。それを除けば文久三年の十月頃から慶応元年の春頃まで、およそ一年半に渡って龍馬は手紙を書いていないのである。あるいは現存していない手紙もあったであろうが、それにしても家族への音信が途絶えていた期間と言えるのである。

土佐の兄や姉など家族にあてた手紙が少ない理由を考えてみよう。文久三年前半に書かれたいくつかの家族あての手紙は勝海舟のもとでの海軍の稽古修行を誇らしげに伝える内容のものが多い。「エヘンエヘン」など胸を張って知らせているのである。家族に大きな迷惑をかけることは承知の上で土佐を出奔し、なおかつ坂本家の後継者になることまで断って行なったこと、それが神戸での軍艦の操船練習である。その海軍操練所が閉鎖廃止ということでは龍馬が土佐を出てきた意義が消滅してしまう。そのような状態を家族に知らせることは面子の上でもできないことであったと推測される。またそれが知られたならば「龍馬よ海軍の修行ができなくなったのなら、土佐に帰ってこい」などと兄権平や姉乙女から言われかねないことも想像される。家族にあれほど海軍操練所の自慢を述べた手前、身の振り方が定まるまでは手紙で状況を知らせ辛かったのではなかろうか。

元治元年末の操練所の閉鎖後、龍馬と数名の同志は薩摩藩の庇護を得て、慶応元年の夏には長崎で交易商社の亀山社中を始めた。その亀山社中の創設と薩長同盟への奔走を開始したこの慶応元年の夏に至ってようやく故郷に手紙を書くことを再開したのである。

京都国立博物館が所蔵する慶応元年九月九日付の乙女・おやべあての手紙には「長崎で稽古する」と書かれていて、「稽古」の二文字で自分が宣言した海軍の練習の地を長崎に変えたように記している。その手紙の冒頭に次のように記されている。

「私共とともニ致し候て、盛なるハ二丁目赤づら馬之助（新宮馬之助）水道通横町の長次郎（近藤長次郎）、高松太郎、望月ハ死タリ。此者ら廿人計の同志引つれ、今長崎の方ニ出、稽古方仕リ候。（後略）」

この場合の「稽古」とは文久三年の書簡に何度も出てきた海軍の修行稽古のことのように家族には感じられたであろう。しかし実際には長崎の亀山社中は船を用いて交易業を行なうような会社組織に近いものであった。この手紙で示唆されたような海軍の修行とは程遠い内容の組織である。しかし慶応元年九月九日のこの手紙に「稽古」と書いたのは、長崎での活動があくまでも神戸での練習の延長上にあるのだと、土佐の家族を納得させるためではなかろうか。この慶応元年九月頃から龍馬は堰を切ったように手紙を書くことを再開するのである。ある程度自活の道が見えてきてやっと土佐へも手紙が書けるようになった、というのが正しいのであろう。

慶応元年九月には池内蔵太家族あての手紙（第三章参照）を含めて数通の手紙を土佐の坂本家へ送っている。

龍馬の手紙を土佐の家族あてのものに限ってみれば、その分布には濃淡がはっきりしている。文久三年半ば頃、慶応元年九月頃、慶応二年十二月頃、そして慶応三年にぽつぽつとである。慶応元年九月頃には長い手紙をいくつか記したのだが、その後また一旦途絶えて、慶応二年の前半から半ばにかけての時期には家族あての手紙は残っていない。慶応二年全体を見渡すと二十五通ほどの手紙があるが、長州の木戸孝允（桂小五郎）や印藤肇・三吉慎蔵・伊藤助太夫、薩摩の吉井幸助などへあてた手紙が主流なのである。

慶応二年は龍馬にとって色々なことが起こった年であった。正月の上京と薩長同盟の仲介、寺田屋での遭難、おりょうとの鹿児島旅行、五月には池内蔵太らの遭難水死、その後関門海峡での幕府軍との戦い、そして亀山社中の経営危機、などなど。その様子が現在に知られているのはもちろん龍馬が家族へ書き送った手紙によるのである。

この慶応二年を締めくくるように、長崎の小曾根英四郎邸で書いた手紙がある。ひとつは有名な霧島山登山図を含む乙女あての書簡（京都国立博物館蔵）。そしてもうひとつは兄の権平・家族一同あての長い長い手紙である。両方とも日付は十二月四日。この兄権平あての手紙は、原書簡は失われているが高知の弘松家に写が伝わっている。

この兄にあてた手紙には慶応二年の出来事が詳しく綴られている。特に一月二十三日夜の伏見寺田屋での幕吏襲撃の際にどのように切り抜けたのかは迫真の描写で記録されていて、現代の我々をもその様子を眼前にしたかのような気分にさせる名文である。龍馬が襲われて手傷を負ったことは噂や短い手紙などで土佐の家族もすでに聞いていたであろう。そして傷の具合などを心配したに違いない。龍馬はこの兄あての手紙の中でピストルを構えていた際に斬りつけられた左手の親指根元と人差し指の根元、さらに右手の親指の傷の具合と治り方を細かく知らせている。

「疵は六十日ばかり致し能く直りたり。左の大指は元の如し、人指は疵口よくつげて只思う様に叶わぬと申すばかりにて、外見苦しき事なし。右の大指のわた持をそがれしは一番よく直りたり。右の高指の先の節、少々疵つけども直様治りたり。」

と記しているのである。

龍馬の傷を大変に心配する家族からの手紙が長崎にでも着いていたのであろう。「大した怪我ではなく、心配御無用」とでも書くのが普通であろうが、ここまでこと細かく記すのも龍馬の手紙の特徴であると言える。それだけに手紙を読む現代の私たちをいつまでも飽きさせないのである。

龍馬の手紙文における卓越した描写力はこの寺田屋での脱出劇の記述、慶応二年夏の関門海峡での幕府軍との戦闘の様子の記述、そして乙女あての霧島山登山の様子の記述、に大いに発揮されている。霧島山登山の様子はその行程から風景・感想までがびっしりと書き込まれ、紀行文として成り立っているのである。

慶応二年十二月四日、龍馬は一日かけてこの年に起きた出来事を土佐の実家に書き送った。兄権平には寺田屋の難、第二次長幕戦争の様子、池内蔵太の水死、刀は短い方が良いことなどを。姉の乙女にはおりょうとの鹿児島への新婚旅行のこと、西郷吉之助のことなどをである。龍馬も自らの思想と行動を家族に知ってもらいたかったのであろうし、何時死ぬかもしれない我が身を思って、記録を残そうとしたのかも知れない。結果的に龍馬のその意図は果たされているのである。兄権平あての手紙は筆写され現代の私たちも読むことができる。我々が伏見の寺田屋を訪れてその脱出の様子を偲ぶことができるのは、この龍馬の記録への執着心があったからなのである。

このような龍馬の描写力は家族や土佐の関係者あての書簡にだけ発揮されている。桂小五郎や三吉慎蔵・佐々木高行あてなど男性にあてた手紙は親しい関係とはいえ、見てきたような細密描写は行なわれない。用件の伝達が目的だからであろう。その意味で龍馬が様々なことを細々と記す家族あての手紙は貴重なのである。

慶応三年には八十通余りの書簡が知られているが、そのうち家族あては八通ほどである。その中で最も長い手紙は六月二十四日の朝に京都河原町三条下ルの酢屋で書いた乙女・おやべあての一通である（京都国立博物館蔵）。「今日もいそがしき故、薩州やしきへ参りかけ、朝六ツ時頃より此ふみしたためました」と冒頭に記している。忙しいと述べている割には五ｍを超える長い手紙となっている。この時期龍馬が京都にいたのは土佐の後藤象二郎らとともに長崎から上京していたからである。上京の目的は土佐藩が主導する大政奉還案（これは龍馬の主張であるが）に薩摩藩も加わってもらうためであり、その薩土盟約の締結交渉に龍馬が必要だったからであった。慶応三年夏には時勢は倒幕への動きが加速していた。薩摩や長州は武力倒幕を基本線に準備を進めていたが、土佐藩は龍馬らが提唱していた大政奉還案を採用して幕閣の説得にあたる予定であった。土佐藩にしても強力な薩摩藩に大政奉還案側に加わってもらうことでその実現性を高められることが分かっての交渉であった。そのような幕末史に関わる重要局面であったので「今日もいそがしき」なのであるが、一旦筆を取ると一気に長文の手紙を書くことになったのである。

その手紙の内容はこれまでも部分的に触れてきたが、①京都へ出てきた養子の坂本清次郎が頼りない人物でがっかりしたこと。②大坂の土佐屋敷の小役人の頑固頭にあきれかえったこと。③乙女姉さんからの龍馬を非難する手紙に対して、海援隊を維持運営するため利益を求めるのは当然であるということと、後藤象二郎と手を結んだことについては天下のためには土佐藩全体の力を使うのが良いのだということ。④乙女の土佐を出て龍馬のもとに行きたいとの申し出については、今出てきてもらっては困るので土佐で暫く待っていて下さいということ。⑤土佐の小高坂あたりの女性たち（池内蔵太の家族たち）が政治議論に熱くなるのは感心しないこと。⑥私の妻おりょうには政治には口出しするなと言い、それを守らせていること。⑦追伸で春猪の不見識を叱り、坂本家の行末が心配だと述べている。

この手紙は現存するもののうち乙女にあてた手紙の最後のものであるが、相変わらず思いの丈をすべてぶつけたような龍馬らしさの溢れた文章となっている。このような乙女あての手紙が現存することが、龍馬の人間性を知る上で大きな助けとなっていることは言うまでもない。

この慶応三年の手紙の多くは男性にあてた政治向きのことであり、連絡事項などを記したものである。宛先は桂小五郎・伊藤助太夫・三吉慎蔵・印藤肇・高松太郎・望月清平・長岡謙吉・陸奥陽之助・岡内俊太郎・佐々木高行・後藤象二郎・岡本健三郎などである。女性としては寺田屋登勢と妻おりょうにあてたものが残っている。

龍馬は慶応三年九月末頃に脱藩後初めて土佐の坂本家に里帰りを果たしている。文久三年の手紙に「私四十歳まではうちには帰らんようにする」と記してから五年、風雲急を告げる慶応三年の秋、土佐藩に決起を促すため長崎で買い付けたライフル銃を船に積んでの帰郷であった。久しぶりの家族再会であり、つのる話を交わしたことと想像される。そしてあわただしく土佐を離れて大政奉還実現直前の京都へ向かったのである。この帰郷を受けて兄権平へ書いた手紙が京都国立博物館に残っている。龍馬が家族へ出した最後の手紙である。短いものなので全文を掲げる。

「其後藝州の船より
小蝶丸ニ乗かへ須崎
を發し、十月九日ニ
大坂に参り申候。則
今朝上京仕候」此頃
京坂のもよふ以前とハ
よ程相変、日々に
ごてごてと仕候得ども、
世の中は乱れんとして
中々不乱ものにして
候と、皆々申居候事
に御座候」先は今日
までぶじなる事、
幸便ニ申上候。謹言。
　十月九日　　梅太郎

〆

上町一丁目

坂本権平様　　坂本龍馬

御直披　　　」

この手紙の数日後、京都二条城で将軍徳川慶喜が大政奉還を表明した。その後龍馬は新政府の骨格を作るために各方面を奔走していたが、慶応三年十一月十五日夜に京都河原町の近江屋二階で非業の死を遂げることになるのであった。

(二)　手紙文の特色

龍馬の手紙を読んでいくといかにも龍馬らしい特徴的な文体に気づく。龍馬の文章らしさとはどのようなものか見てみよう。

まず文字が続け字ではなく、ひとつひとつ独立して書かれることである。そのため比較的文章を読み易い。一行はまっすぐではなく、やや左へ流れる傾向がある。

また、乙女・おやべあてや妻おりょうあての手紙には漢字に振り仮名を付けてあるのが特徴である。三吉慎蔵や桂小五郎、伊藤助太夫あてなど男への手紙には振り仮名などは全くない。女性に対するいたわりなのであろうか。しかし龍馬に関する小説などでは幼少の頃、学問の塾で劣等生であった龍馬は姉の乙女から字を教わったなどと書いてあることが多い。ならばなぜ乙女あての手紙の漢字に振り仮名を付けるのだろうか。推測するに乙女あての手紙は坂本家とその周囲で関わった女性たちにも回し読みされるような内容であるので、ひらがなを多く、表現を易しく、漢字に振り仮名を付けたのであろう。

同じ坂本家でも兄権平あての手紙となると趣がやや異なる。慶応三年六月二十四日の手紙としては、これまで何度か触れた乙女・おやべあて書簡（京都国立博物館蔵）が有名だが、この日には兄権平あての手紙も別に書いている。その文面は親代わりの兄権平にあてたものらしく、手紙文の典型を守っており、冒頭部分は漢字ばかり続いている。

「一筆啓上仕候。益御安泰可被成御座愛度御儀奉存候。降而私儀無異乍普及国家之御為日夜尽力罷在候。乍失敬御安慮可仰付候（後略）」

（高知・弘松家所蔵書簡　部分）

これを読めば龍馬が定型的な手紙文を書かなかった訳ではないことが分かる。相手の立場や龍馬との関係の中で手紙文の文体を変えることは不思議なことではない。むしろ乙女姉さんや姪の春猪、あるいは池内蔵太の家族などへの手紙がくだけた調子となるのが特別なことなのであろう。

龍馬の手紙文の特徴としては、例え話が多いということである。「たとへば」、「～の如く」、「元亀天正の武芸人の如く」、「七月ごろ生えた胡瓜の如く」、「世の中というものハかきがらばかりである。人間と云うものは世の中の牡蠣殻の中に住んでおる」、「證判役小頭役とやら云うもののつらがまへ、京都の関白さんの心もちにて」、「いもばたけをいのししがほりかえしたよふな、あとも先もなき議論」、「ふるきわらぢのよふ思ひきりて」などなど。

またカタカナで書かれるような擬音表現が多いのも特徴である。鉄砲弾の当たる音は「バチバチ」、「べちゃべちゃ」喋り、老婆は「ヘチヤクチヤ」分かりかね、敵は「ドンドン」障子を打ち破り、「ヘボクレ役人」は困ったもので、「メソメソ泣き出し」てはならんと言っているのである。このような話し言葉を文章で書くことは幕末期の手紙文としては異例であろう。

また箇条書きや文頭に「○」印を付けて段落分けするところや、霧島山登山図に見られるイロハの記号を用いた行程の記述方法などは当時の手紙文の範疇を超えた現代的表現方法と言えよう。さらに土佐弁と見られる話し言葉もしばしば記されている。「～思いあたる人があるろふ。」などである。

龍馬は手紙で変名を用いることがしばしばであった。最も有名なものは「才谷梅太郎」である。これは土佐坂本家の本家が「才谷屋」という商家であることに由来する。「大濱浪次郎」としたこともある。最も面白いのは寺田屋登勢に送った書簡の名前「取巻の抜六」であろう。この名は慶応二年十一月二十日の登勢あてに出した「おりょうの母親を宜しくお願いします」との内容の手紙に見られる（京都府立総合資料館蔵）。表書きの「おとせさま」の宛名の下に書かれている。この名前を目にした登勢は思わず吹き出したに違いない。この慶応二年一月二十三日夜に寺田屋を包囲した（取巻き）奉行所捕吏大人数の襲撃から、龍馬は裏木戸を破って逃げ出した（抜六）のであるが、それを表すようにこのような名前で手紙を出したのである。相変わらずの冗談が言えるほど龍馬は元気であることも登勢には充分伝わったであろう。龍馬の諧謔精神が発揮された変名と言えよう。

例え話が多いこと。話し言葉を手紙文で記すこと。ユーモアに溢れていること。長文の手紙が多いこと。これらは龍馬書簡の特徴であり、現代の私たちが読んでも飽きない龍馬書簡の魅力の要因である。このような手紙文から龍馬本人も相当のおしゃべりだったと想像されるのである。

■コラム■ 刀の長さは

新選組局長の近藤勇と坂本龍馬の手紙の内容について触れておきたい興味深い話題がある。それは刀の長さに関する両者の考えを記したものである。

まず近藤勇の書簡は文久三年十月二十日に武州多摩郡日野の佐藤彦五郎へ出したもので、新選組結成から八ヶ月目の京都の様子を後援者の彦五郎へ知らせている。その手紙の中ほどで近藤は「土方歳三の刀和泉守兼定は二尺八寸、脇差の堀川国広は壱尺九寸五分もあります。脇差は長い方が宜しいでしょう。下拙（わたし）も脇差は二尺三寸壱分あります。戦闘の際に万一刀が折れた場合、脇差は（刀に代わって実戦に使えるような）長い方に限ります。昔の荒木又衛門も脇差は長かったのです。」と記している（手紙は特別陳列「新選組」に展示）。京都で様々な戦闘に臨んだ新選組局長らしい考えである。

一方龍馬は慶応二年十二月四日付の兄権平あての手紙（写のみ現存、高知弘松家蔵）の中で坂本家の婿養子清次郎に伝えてくれとして「御国（土佐）で流行している長剣はかねて申したとおり、ひとりひとりの喧嘩（一対一の戦い）では、昔話の宮本武蔵の試合のように、至極宜しいものだが、今時の戦場では悪いものです。今の戦いは小銃が中心ですので、本当は刀も要らないのですが、（武士が刀を）差さないという訳にもいかないので、二尺壱二寸の（短い）刀に、四五寸ほどの短刀が宜しいでしょう。」と記している。慶応二年夏の長州四境戦争での戦闘を見聞きした龍馬らしい文章である。

刀の話題は江戸期の人間らしく、近藤勇も坂本龍馬も時々手紙に記しているのだが、このような両者の刀の長さに関する見解の相違はまたその時代背景や思想を表すものとして大変興味深いものではないだろうか。

第五章　おりょうの写真のこと

―現れた女性写真―

㈠　三枚の女性写真の謎

坂本龍馬の妻おりょう。刃物をふところに悪者と大喧嘩するような気性を持ち、龍馬は「まことに面白き女」と書き、会った者が「有名ナル美人ノ事ナレ共、賢婦人ヤ否ハ知ラズ、善悪共ニ為シ兼ヌル様ニ被思タリ」（佐々木高行日記）と評する京美人。

龍馬の生涯を語る上で欠かせない妻おりょう。この章のテーマは彼女の姿を写したと見られる三枚の写真の謎についてである。その一枚目は京都の近江屋子孫の家に伝来した古いアルバムに納められた立ち姿の女性写真。二枚目はおりょうの遺影とされる横須賀市信楽寺伝来の写真。三枚目は近年現れた椅子に座った女性写真である。

その三枚目の写真は、平成十三年八月一日付の全国新聞各紙に掲載されたので御記憶の方もいらっしゃるであろう。着物姿で椅子に腰を掛け、カメラのレンズを涼しく見つめる細面の日本髪の女性。その女性の写真を「龍馬の妻おりょうの可能性がある」として記者発表し、同年夏の京都国立博物館での特別陳列「坂本龍馬―龍馬をとりまく人びと―」に展示したのが筆者である。

本章ではその写真を発表するに至った経緯やその後の検討の結果などを少し詳しく記して、筆者がなぜそう考えたのか、具体的な資料にあたりながら述べていきたい。

その女性写真を記者発表してからおよそ二年が経過した。その間、各方面からその写真に関して色々な反響があった。新刊書籍によっては「龍馬の妻おりょう」として確定したかのようにその腰掛けた女性写真を掲載しているものも現れ、筆者は複雑な心境にある。お断りするが、その女性写真がおりょうであるかそうでないかに関しての「決定的な」新証拠はまだあがってきてはいないのである。

(二) おりょうのこと—龍馬の手紙から—

おりょうは京都の柳馬場三条下ルの医師楢崎将作の娘である。楢崎将作は勤王の志があり、志士の世話などを行なっていたという。おりょうの父将作は安政の大獄にかかって亡くなったとされる。龍馬は慶応二年十二月の姉乙女あての手紙でおりょうの身の上を記している。その手紙には今年二十六歳とあるので天保十年頃の生まれかと推測されるが異なる説もあって定かではない。彼女の名前については「父母の付たる名龍、私が又鞆とあらたむ」と龍馬は記している。於良と書かれる場合もあるので「おりょう」と読むのが正しい。

龍馬の手紙では次のように書かれている。

「かねて申し上げた私の妻龍女は、望月亀弥太が(池田屋で)戦死した時、取調べなどで難儀を

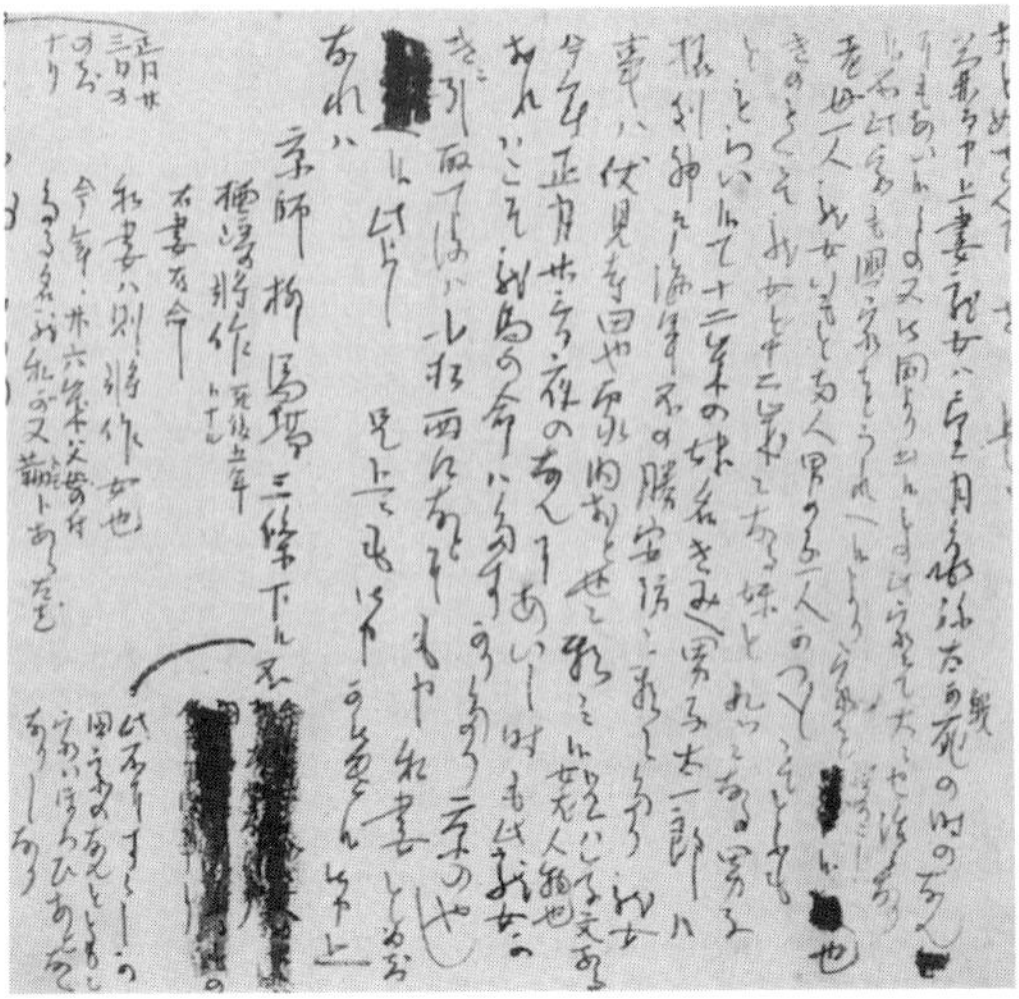

慶応二年十二月四日　乙女あて（部分）京都国立博物館蔵

被ったのです。また土佐から出てきた志士らがこの楢崎家で大変世話になったのです。この楢崎家も国家を憂えたために（安政の大獄に遭い、父が死に）家を滅ぼしたのでした。老母一人、龍女（おりょう）、妹二人、男子二人、貧窮し、どうも気の毒なので、私が世話をいたしました。（中略）おりょうのことは伏見寺田屋の家内お登勢に頼みました。今年正月二十三日夜、難に遭った時もこのおりょうがいたからこそ龍馬の命は助かったのです。」（慶応二年十二月四日付乙女あて　京都国立博物館蔵）

龍馬とおりょうとの出会いが何時どのようなものだったかは実際は明確ではない。小説などではこのあたりの事情は自由に描かれている部分である。龍馬の手紙（慶応元年九月九日付乙女・おやべあて　京都国立博物館蔵）によれば、元治元年六月五日の池田屋騒動より少し前に京都東山の大仏あたりに土佐出身の志士らの宿舎があり、その賄いをおりょうとその母が行なっていたらしい。想像するに同志の宿舎を訪ねた龍馬がそこにいたおりょうを見初めたのではなかろうか。

「大仏あたり」とは、京都東山七条に豊臣秀吉・秀頼父子によって建立された方広寺のそれであった。桃山時代に築かれ、洛中洛外図屏風などにも描かれた巨大な大仏殿は十八世紀末、寛政年間に雷火によって焼失し、幕末期には上半身だけに縮小した大仏が造られ、残っていただけだった。方広寺はその範囲を狭め、寺の周囲には人家が建て込み始めていた。そのような人家または寺院の建物に土佐出身者の宿舎があり、楢崎龍とその母が食事などの世話をしていたのであろう。その経緯は不明だが、父親の楢崎将作の存命中から勤王の志士らの世話をしていた関わりがあったからではなかろうか。この方広寺の「大仏あたり」とは、現在の京都国立博物館の建っている付近のことである。ちなみに現在の博物館の北側には巨大な大仏殿の基壇址があり、近年、発掘調査が行なわれた。そして史跡公園として整備されている。

おりょうの人柄を示すエピソードがある。

楢崎家が一家困窮の際、中の妹が悪者にだまされて大坂に女郎に売られてしまった。それを知ったおりょうは妹を助け出すために自分の着物を売ってお金を作り、大坂まで行ったのだ。

「其悪もの二人をあいてに死ぬるかくごにて、刃ものふところにしてけんくわ（喧嘩）致し、とふとふあちのこちのといいつのりけれバ、わるものうでにほりもの（刺青）したるをだしかけ、べラボヲ口にておどしかけしに、元より此方ハ死かくごなれバ、とびかかりて其者むなぐらつかみか

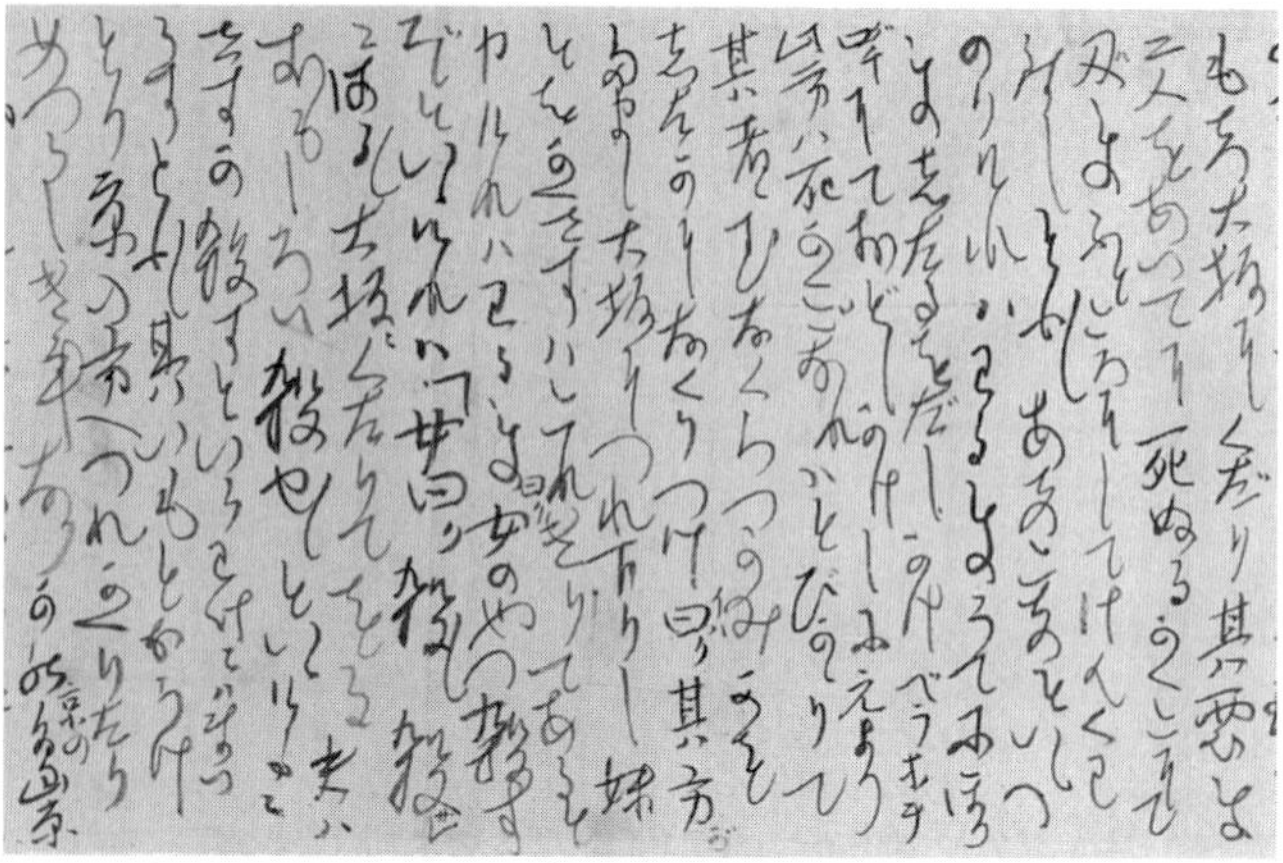

慶応元年九月九日　乙女・おやべあて（部分）京都国立博物館蔵

を（顔）したたかになくりつけ」とうとう妹を取り返したのだ。（慶応元年九月九日付乙女・おやべあて書簡　京都国立博物館蔵）。

「めずらしき事なり」と龍馬も評したその行為のあけすけな描写は、現代の我々にはとても興味深いものなのだが、その手紙を受け取って読んだ乙女や権平など龍馬の家族たちは仰天したに違いない。龍馬はどんな変な女と付き合っているのか、と。

しかし龍馬は「右女はまことにおもしろき女にて、月琴を弾きもふし候」と面白がっているのである。おりょうは沢山兄弟のいる一番上の姉、龍馬は沢山兄弟のいる末っ子であった。しっかり者と甘えっ子の組み合わせの妙があったのであろう。

そのおりょうが龍馬の世話で伏見の寺田屋に預けられ、そこで働くようになったのは禁門の変の後、元治元年の八月頃とされる。元治元年から翌慶応元年にかけて龍馬は海軍操練所の閉鎖、薩摩藩の援助での長崎での亀山社中の設立、そして薩長同盟への準備と忙しい日々を送っていた。龍馬がおりょうを家族に紹介した手紙は翌慶応元年の九月九日付であり、伏見寺田屋で記したのであるから、おりょうは龍馬の近くにいたことになる。

龍馬が京都で薩長同盟を成立させた直後、慶応二年一月二十三日深夜、寺田屋が伏見奉行所の捕吏の襲撃を受けた際、おりょうはいち早く二階の龍馬に急を知らせ、なおかつ伏見の薩摩藩邸に救助を頼んだことで知られる。その様子を龍馬は手紙にこう記している。

「かねてお聞きに入れし婦人（名は龍、今妻と致し居候）勝手より走り来たり云うよう「御用心なさるべし。はからず敵の襲い来たりしなり。槍持ちたる人数ははしごだんをのぼりしなり。」と。」

寺田屋二階での乱戦を切り抜けて、龍馬と三吉慎蔵は何とか寺田屋の裏を出、他人の家を刀などで破り、夜の町を走って材木屋の棚の上に隠れた。そして手傷を負った龍馬を残して三吉慎蔵が伏見の薩摩屋敷に隠れ場所を知らせ、龍馬は薩摩藩士に救い出されたのである。この際に伏見の薩摩屋敷にいて龍馬救出にあたったのは大山巌の兄、大山彦八であった。（この縁で明治三十九年の龍馬・中岡の没後四十年祭の祭文を日露戦争から凱旋した大山巌が読むことになる。）

匿われた伏見の薩摩藩邸でおりょうは龍馬の傷の手当に献身的にあたった。その後、伏見から京都の薩摩藩邸に移り、そこで小松帯刀・西郷吉之助に龍馬はおりょうを妻として紹介したらしい。

「小松、西郷にも私妻と知らせ候」と手紙にある。

その後、龍馬とおりょうは三月初めには大坂から薩摩藩の船で下関・長崎を経て鹿児島へ向かった。この船には第三章に登場した池内蔵太が下関あるいは長崎まで同乗していたのである。鹿児島に着いた龍馬とおりょうは薩摩藩士の吉井幸助などの案内で日当山温泉や塩浸温泉・霧島温泉を経て、霧島山高千穂峰まで登山して天の逆鉾を見たりしている。日本最初の新婚旅行とされる二人の有名なエピソードである。寺田屋で負った傷の養生も兼ねての旅であった。「天下の世話」のため休む間もなく東奔西走を続けていた龍馬の束の間の休息時間であったと言える。慶応二年の三〜四月頃の話である。この新婚旅行の経過は次の手紙に詳しい。

龍馬は慶応二年十二月四日付の乙女あての手紙でこの高千穂峰登山の様子を絵入りで紹介している。本書の表紙写真を参照していただきたい。墨線で山容を、朱線で登山経路を記している。龍馬の描いた絵としてはこの霧島山登山図と関門海峡での幕府軍との戦いの様子を描いた「長幕海戦図」(北海道・個人蔵)の二件ほどが確実なものと言えよう。龍馬の表現手段として興味深いものである。山容や登山経路は現在の山と同じであり、彼の表現力の高さを知ることができる。また登山経路には小さな字でコメントが書き込まれている。少し読み易く直して書けば、最初の急傾斜については「この間は山坂焼け石ばかり、男子でも登りかねるほど(おりょうには大変)で、焼け土(赤褐色の火山灰)サラサラとして(足がとられ)少し泣きそうになる。五丁も登ればはきものが切れる。」噴火口の縁に立って覗いてみれば「この穴は火山のあとなり。直径三町ばかりあり、すり鉢のようである。（底は深く）下を見ると恐ろしきようなり。」そして噴火口の縁を廻る細い鞍部では「ここはかの馬の背越である。なるほど左右目の及ばぬほどで、下がかすんでいる。あまりにも危ない路なので（おりょうの）手を引いて進む。」さらに最後の山頂への道は緩やかで「この部分は大いに心やすい路であり、滑っても落ちる心配はない。」「ここには霧島つつじがおびただしく咲いている。」と記しているのだ。龍馬の数多い手紙の中でもこの霧島山登山の様子を記した部分は最も面白い所と言えよう。

二人して山頂の逆鉾を引っこ抜いたのだが、龍馬は「またまた元のとおり納めたり」と元の状態に戻したと手紙に記している。この部分、明治三十年代のおりょうの回顧談では引っこ抜いたままに置いてきたように語っている。どちらが正しいのかは不明だが、龍馬の気遣いの多い手紙を読んできた筆者には龍馬が家族を心配させないように、うそをついているように思えるのだがいかがであろうか。

鹿児島滞在の後、おりょうは長崎や下関にいた。その間、夫である龍馬は国事に奔走していて忙しかったために、おりょうの相手は充分にはできなかったようである。

筆まめな龍馬は姉の乙女あてなど家族への手紙を数多く残している。おりょうへもまた沢山の手紙を書いたに違いない。しかしながら現存するおりょうあての手紙は一通だけである。それは慶応三年五月二十八日付の手紙で、平成十年に京都府向日市の井口新助様から博物館へ寄贈していただ

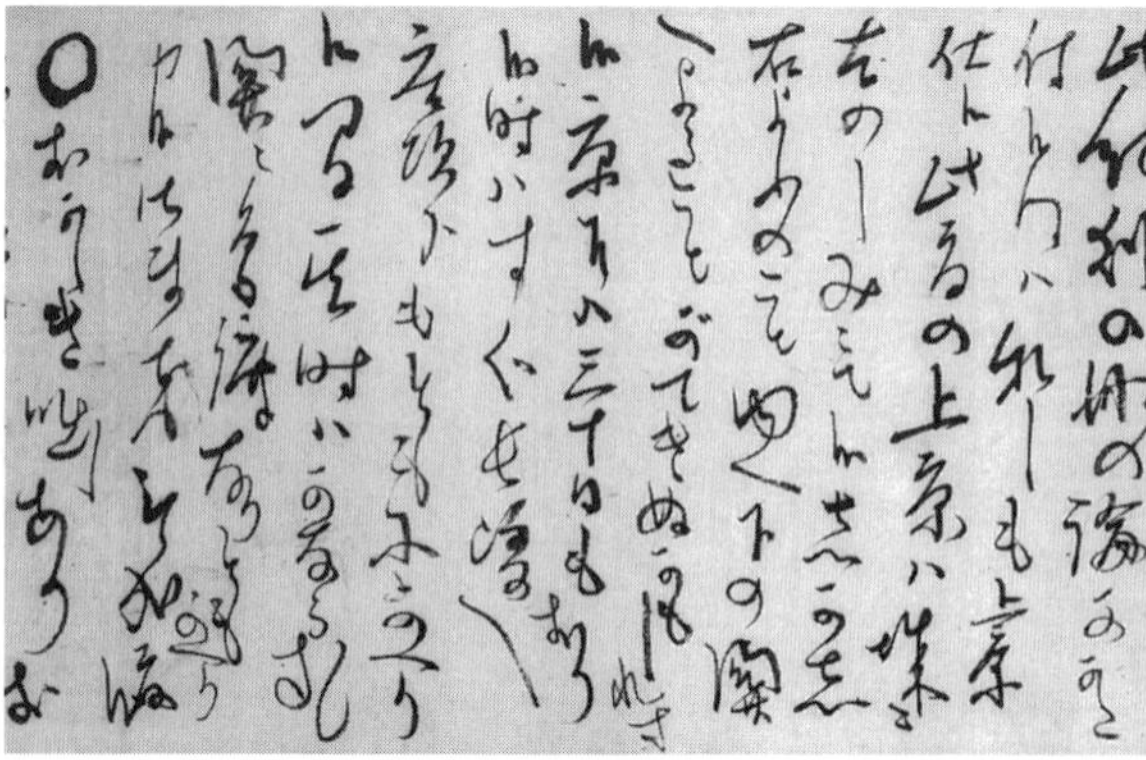

慶応三年五月二十八日　おりょうあて（部分）京都国立博物館蔵

いたものである。

手紙の内容は海援隊が伊予大洲藩から借りたいろは丸という船で瀬戸内海を東へ航行中、四月二十五日、紀州藩船の明光丸と衝突沈没してしまうのだが、その事故処理のことが中心である。紀州藩を相手にしたその談判は長崎で行なわれていたのだが、土佐藩の後藤象二郎が来て龍馬の大政奉還策を土佐藩・薩摩藩などに周知説得するため、急いで夕顔丸で上京して欲しいと言われていると記している。

この時おりょうは下関の伊藤助太夫方にいたのだが、長崎や京都など飛び回っていた龍馬にはおりょうに会う暇などなかった。

龍馬は「こんど（京都から）長崎に帰る際は必ず必ず、ちょっとなりとも下関に帰りますのでどうか（機嫌よく）待っていてください。」と記している。今に残るおりょうへの愛情表現である。なおこの手紙の宛名は「鞆殿」となっている。龍馬が改めた名前である。

■コラム■ 霧島山への道

坂本龍馬と妻のおりょうが霧島山高千穂峰に登山したのは慶応二年春三月末。そのあとを辿って同じ高千穂峰の山頂に筆者が登ったのは、龍馬に遅れること百三十六年、平成十四年七月初旬のことであった。飛行機の窓から見おろす鹿児島県は台風が通過したばかりで、雨に濡れた緑は濃く、川は茶褐色の濁流で、前途の多難さを感じさせた。

鹿児島空港で自動車を借り、日当山温泉・塩浸温泉・犬飼の滝・和気神社・霧島神宮など龍馬とおりょうの訪ねたゆかりの地を巡った。龍馬が「谷川のながれで魚をつ」ったりした塩浸温泉は谷間の鄙びた出で湯であった。その夜は霧島温泉のホテルに泊まった。

翌朝八時に高千穂河原という登山口駐車場に車を止め、衣服を整えて登山にかかった。前日までの悪天候の影響が残っており、霧島山の名のとおり白い雲に覆われて山容は確認できなかったが、天候の回復傾向を信じて歩き始めた。日曜日なので登山客は多かった。はじめは緩やかな道であり、樹木の間の道をゆっくり進んだ。やがて木はなくなり、傾斜は増してきた。登山道は黒く硬い溶岩と赤褐色の軽石混じりの火山灰からなるひどいものになっていった。筆者は登山用の靴を履いていたのだが、足を置く場所を考えながらでないと、火山灰に足を取られて進めないようなものであった。手袋とステッキは必携である。龍馬が「この間は山坂焼土ばかり、男子でものぼりかねるほど（中略）やけつちさらさら、少し泣きそうになる。五丁ものぼればはきものが切れる。」と記した胸突き八丁の急傾斜であった。筆者にとって幸いだったのは濃いガスに包まれて視界が五〇mほどだったことである。先行する登山客の後ろをとりあえず付いていけば良かったからである。これが晴れて見通しの良い状態だったならその急傾斜に登る意欲をなくしたことであろう。その斜面をようやく登りきると「馬の背越え」と呼ばれる噴火口の縁を右回りに四分の一ほど歩く幅三mほどの道である。道そのものの傾斜は緩やかなのだが、右手は切り立った深い噴火口の縁、左手は山の急斜面である。風が強ければ「あまりあぶなく、手をひきゆく」と龍馬が記したとおりになる道であった。

火口の縁を過ぎれば一旦緩やかに降り、最後の登り坂となる。高千穂峰の山頂部は宮崎県内になる。溶岩ドームで形成された頂上へは「すべりてもおちることとなし」と龍馬が記した登山道である。

高千穂峰の山頂には神社があり、国生み神話を具現化した青銅製の「天の逆鉾」が中央に立っていた。龍馬やおりょうが見たものであるが、その後上部に三本の小さな鉾が付け加えられて形が変わっている。現在は玉垣に守られ近づいて触れるような状況ではなくなっていた。筆者は登山口の駐車場から二時間以上かけて頂上に至ったのだが、登山のベテランならば一時間ほどの行程だと思われる。頂上はまだ濃いガスに覆われていたが、天気さえ良ければさえぎるもののない視界が得られたであろう。標高一五七五m。

頂上で一休みして、写真などを撮り、そろそろと山を降り始めてようやくガスが晴れてきた。噴火口の縁を戻る時になって火口の全貌が見えてきたのである。「すり鉢の如く、下を見るに、おそろしきようなり」と龍馬が記したとおり、吸い込まれそうなほど大きく深い。火口縁を巡る登山道は高所恐怖症の私には全く不適当な道だったのである。

火口の縁から火山灰だらけの急斜面をゆっくりと降り、駐車場のある高千穂河原まで戻った時には、日頃の運動不足のせいで、すでに左足の膝関節が痛み出していた。車でホテルに戻り温泉につかって汗を流した。

その日の夕方には鹿児島空港から関西空港へ戻ったのだが、関節の痛みは続き、二、三日は思うようには歩けなかった。龍馬はともかくもこの登山に付き合ったおりょうには感心するばかりである。

本書表紙を参照いただきたい。

慶応三年六月二十四日付の乙女・おやべあての長い書簡の後半部分で龍馬はおりょうの様子を次のように記している。その文章は池内蔵太の家族らを含め「小高坂あたりの娘まで勤王がどうとか国家のためにどうとか議論がやかましいのは軽薄だ」と記した後に続くもので、そのような土佐の女の様子と対比させて妻おりょうの日常に触れている。

（前略）
「〇私しらの妻ハ日々
中聞候二ハ、龍馬ハ
国家の為骨《ホネ》身《ミ》を
くだき申べし、しかれバ
此龍馬およくいたわりて
くれるが国家の為ニて、
けして天下の国家
のと云ことハいらぬこと
と申聞在之候。夫で日
々ぬいものやはりもの致し

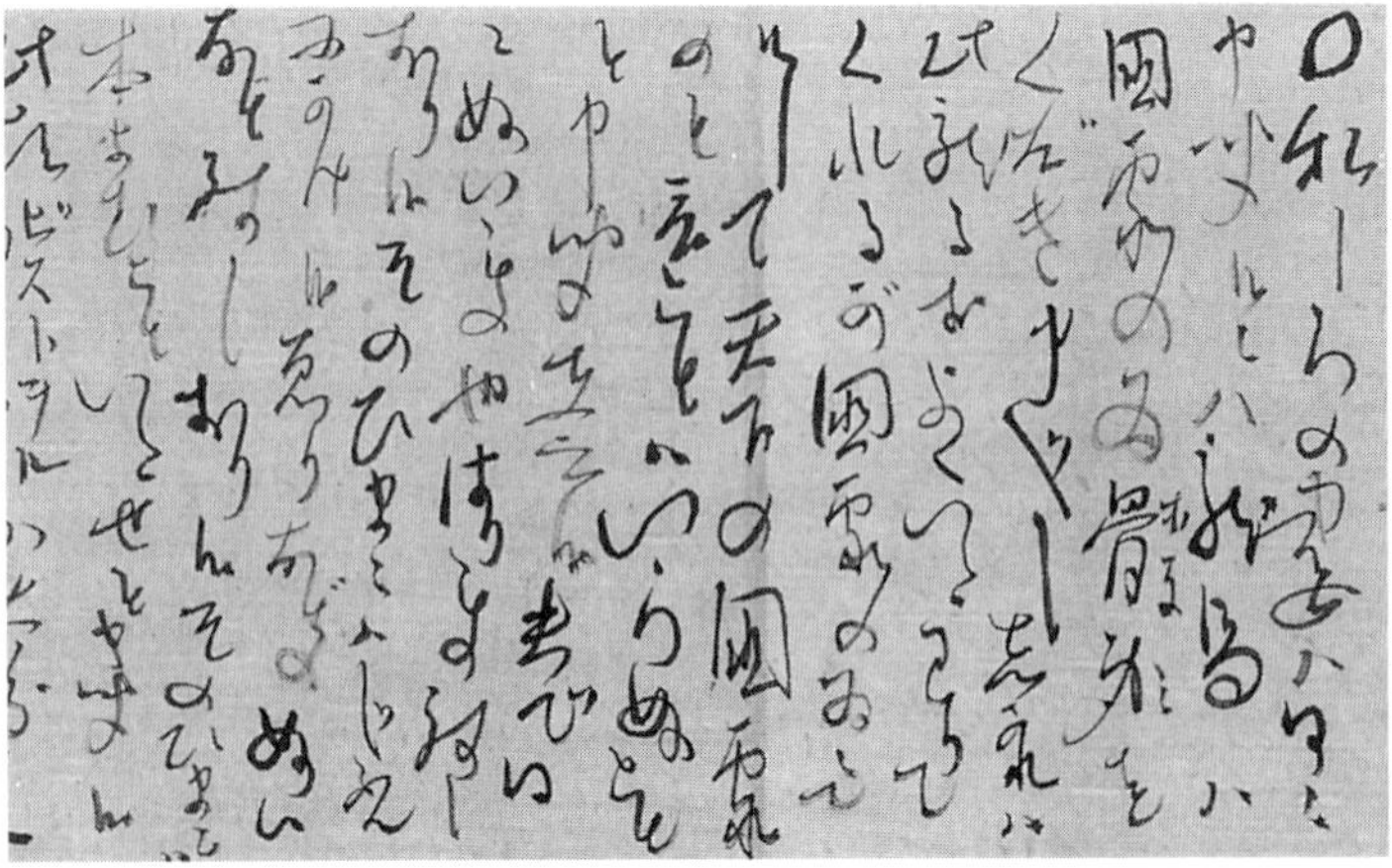

慶応三年六月二十四日　乙女・おやべあて（部分）京都国立博物館蔵

おり候。そのひまニハじぶん
にかけ候ゑりなどのぬい
など致しおり候。そのひまニハ
本をよむことといたせと申聞候。
此頃ピストヲル（たんぽう）ハ大分よく
発《ウチ》申候。誠ニみよふな
女ニて候得ども、私しの云
ことよく聞込ミ又敵お
（ふしみのことなどおもいあわせたまふべし）
見て白刃をおそるること
おしらぬものニて、べつに
りきみハせねども、又いつ
かふへいぜいとかわりし
ことなし。これハおかしき
ものにて御座候。

かしこ

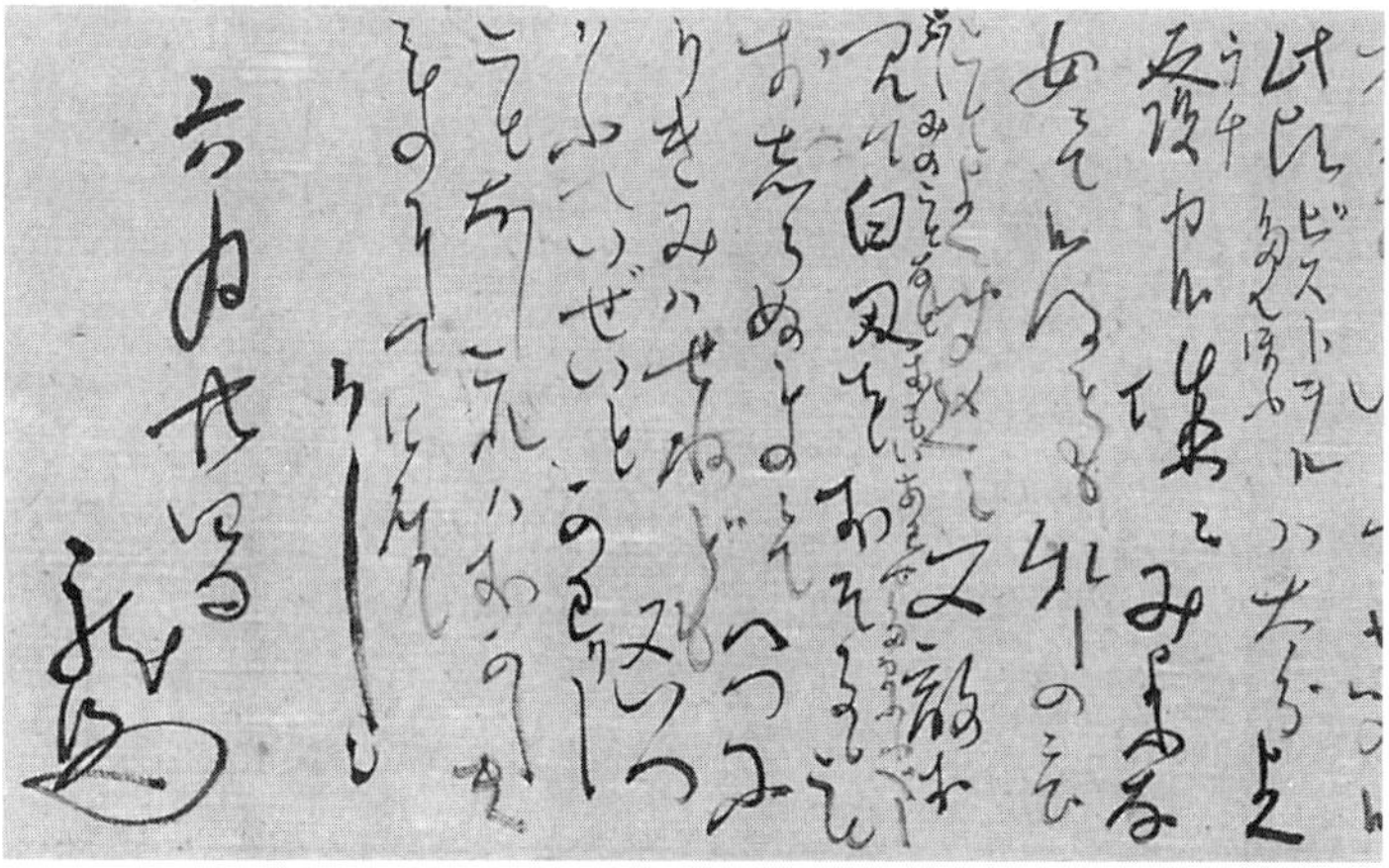

慶応三年六月二十四日　乙女・おやべあて（部分）京都国立博物館蔵

六月廿四日　龍馬

姉上様

おやべ様　」（後略）

（京都国立博物館蔵）

おりょうのこと、そして龍馬の女性観が現れた興味深い一節である。

龍馬は、おりょうへは天下国家の議論には口出しするなと言い、国事に奔走を続ける自分、すなわち夫の龍馬をよくいたわることこそが、天下のためなのだと言い聞かせていると記している。現代的に見れば大変保守的な考えと言えるであろう。あるいは政治議論の盛んな土佐小高坂あたりの女性たちを進歩的と見るべきであろうか。

しかしながらおりょうは「ピストヌル」を撃つ練

習をするなど、ただの控えめな妻ではなかった。龍馬が記しているように確かに「誠にみよふな女」ではある。

慶応三年十一月の龍馬の死をおりょうは下関で聞くことになる。おりょうの人生の転換点となる出来事であった。その後一年ほどは龍馬の実家である土佐の坂本家にいたのだが、乙女ら家族との折り合いが悪く、土佐を出たとされる。伝承ではおりょうは土佐を離れる際に和喰の浜で龍馬からの手紙の大部分を焼いてしまったとされる。そのためにおりょうあての手紙がほとんど現存しないのだと。土佐をあとにしたおりょうは明治初め頃には、生まれ育った京都で龍馬の墓を守って暮らしていた。その時には近江屋の井口家に滞在していた、あるいは井口家の世話になっていたらしい。先にあげたおりょうあての龍馬書簡や寺田屋登勢がおりょうにあてた手紙などが井口家に伝来したこと（現京都国立博物館蔵）をその証拠とすることができる。

しかし明治五年には弟を連れて東京に出た。西郷隆盛や旧海援隊士らを頼ってのことであろう。明治八年にはおりょうは旧知の近江出身の西村松兵衛と再婚し西村ツルを名乗る。そして横須賀の裏長屋で貧窮のうちに余生を過ごしたらしい。

彼女の死は明治三十九年。墓は神奈川県横須賀市大津町の信楽寺にある。また彼女の晩年の写真が一枚この信楽寺に伝わっていて、おりょうの面影を知ることができるのである。

彼女の生涯は当時の志士の妻として典型的なものなのかもしれない。晩年龍馬のことを尋ねて新聞記者が訪れることもあった。酒を飲むのが好きで、酔いながら往時を回顧する語り口にはやはり悪者と大喧嘩した過去を彷彿とさせる切れ味の鋭い所があった。

(三) 井口家アルバムのこと

平成十二年秋、京都府向日市在住の井口新助様から博物館へ御所蔵の幕末関係資料を展示研究のためにお預けいただいた。その中に古いアルバムが二冊含まれていた。そのアルバムこそ「お竜」の写真を含み、また海援隊士らの貴重な写真を含むことで知られているものであった。

筆者は井口氏から示されたアルバムを開いた際、「これがうわさの女性写真なのか」と思ったのである。

その時点の筆者の認識は「この女性写真はおりょうではなくて浅草花町の芸妓の写真だ」というものであった。龍馬研究者の一般的な認識は井口家アルバムに納められた立ち姿の女性写真はおりょうではないとするものだったからである。昭和五十四年に井口家の資料を調査された故西尾秋風先生がこの女性写真をおりょうとして世に出した。しかしその後、龍馬研究者からはこの写真はおりょうとは認められなかったのである。

この写真がおりょうとは認められなかった根拠を列挙してみると、

①横須賀信楽寺に伝わるおりょう晩年の写真が撮影された際の伝えでは、おりょうははじめ「(写真嫌いで有名な)西郷(隆盛)さんとの約束で写真は撮らないと決めている」と撮影されることを拒んだが、「西郷さんの写真もあるから」と説得されてようやく撮影されたのだという。このことからおりょうさんは若い時分には写真には撮られていないことが分かる。したがって井口家アルバムの若い女性写真はおりょうさんではありえない。

②写真の女性はその背景や敷物の模様などから、明治初期に東京浅草などで開業し繁盛していた内田九一写真館で撮影されたものである。内田九一は明治六年には明治天皇・皇后を撮影したこともある高名な写真師で、主に明治初期の高位高官を撮影するような高級写真館である。(貧しい)おりょうがそんな写真館で撮影されるはずがない。

③写真の立ち姿の女性は後ろ襟が広く(襟を抜いていて)、素人の女性には見えない。モデルは浅草あたりの芸妓であり、当時流行した土産用のブロマイド写真、いわゆる美人写真であろう。

④晩年の写真とは何となく似ていないようだ。

このような理由であった。しかしながら、筆者がそのような否定論を知っていたということは、研究者はともかくも、世間一般にこの井口家アルバムの女性写真が「おりょう」として、あるいは「伝おりょう」として流布していたことの裏返しなのである。

龍馬の写真は長崎の上野彦馬写真館で撮影された有名な立ち姿の写真など、数種の存在が知られていて、彼の風貌を知ることができる。しかしながら美人で有名であった妻おりょうの写真は横須賀の信楽寺に伝わる晩年の一枚があるだけであった。井口家アルバムの「お竜」写真は、真偽は別として、「存在して欲しい。あったらいいなあ。」という現代の龍馬ファンの心理に入り込んだ写真でもあったのである。そしてその正否や歴史的検証は充分には行なわれないままであった。井口家アルバムの女性写真はそのような心理的葛藤に巻き込まれてしまった写真と言えるのである。

井口家伝来　井口新助写真
明治に入って撮影されたもの。慶応三年に坂本龍馬を世話していたという。中井弘とも親交を持つ。井口家アルバム名簿Ｃ７番。

井口家は龍馬が慶応三年十一月十五日に刺客の手にかかって殺された際の潜伏先、京都河原町蛸薬師下ルの醤油商「近江屋」の家のことである。龍馬を匿っていた当時の当主は井口新助である。新助は天保九年に生まれ、明治四十三年没。井口家の先祖は近江粟田郡から京都へ出て商売を始めたので「近江屋」を称したという。当時の近江屋は高瀬川に面した土佐藩邸にも程近い場所にあった。近江屋は醤油の醸造販売にとどまらず、土佐藩とも商業上の繋がりがあった。また海援隊の事業とも関わっていた。龍馬は近江屋を単なる隠れ家として使っていただけではなかったのである。井口家に伝来した書簡類には長岡謙吉や陸奥陽之助など海援隊士から井口新助にあてたものも多数残されている（現京都国立博物館所蔵）。

井口新助は義侠心に溢れた人物で、龍馬も信頼を寄せていたらしい。また明治になって土佐を離れて京都へ戻ったおりょうの世話をし、明治二〜四年頃はおりょうは井口家にいたとされる。龍馬がおりょうにあてた手紙や寺田屋登勢がおりょうにあてた手紙、おりょうの妹の君江が姉のおりょうへあてた手紙などが井口家に伝わってきたこともおりょうと井口家の関係、ひいては龍馬と井口家の関係を物語っているのである。

井口家に伝来した龍馬関係資料で京都国立博物館がいただいたものは、

1．近江屋旧蔵「書画貼交屏風」（血染屏風）

龍馬と中岡慎太郎が襲われた際、近江屋二階の暗殺現場にあって血飛沫を受けた二曲屏風。昭和十五年寄贈。現在、国指定重要文化財。

2．坂本龍馬着用「紋服」

龍馬の紋服としてよく知られているもの。昭和十五年寄贈。現在、国指定重要文化財。

3．坂本龍馬・海援隊士書簡類　一巻

龍馬がおりょうにあてた書簡（慶応三年五月二十八日付）一通と長岡謙吉・陸奥宗光ら海援隊士の近江屋新助あて書状類を貼り込んだ一巻。平成十二年寄贈。

4．寺田屋登勢・楢崎君江書簡　一巻

寺田屋登勢がおりょうに、また妹の君江が姉のおりょうに出した手紙二通一巻。平成十二年寄贈。

5．伝坂本龍馬使用「海獣葡萄鏡」一面

龍馬が近江屋滞在中に新助の妻スミから借りて使っていたとされる円形の銅鏡。直径一九・八㎝。外縁厚一・六㎝。文様の様式は唐時代なのだが、原鏡と見られる唐代の海獣葡萄鏡の直径が二〇・三㎝であることと、銅質が白銅ではなく黄色味を帯びていることなどから明清代に踏み返して（コピー）鋳造製作された鏡と見られる。箱書に「阪本龍馬御鏡」の文字がある。平成十二年寄贈。

6．楳堂筆「近江屋初荷之図」一幅

明治五年に醤油の初荷を出荷する様子を描いたもので、龍馬が亡くなった近江屋店先の様子を知ることのできる貴重な絵である。平成十二年寄贈。

このようなものである。

また有名な血染め掛軸、板倉槐堂筆「梅椿図」は、もともと近江屋井口家に伝来していたもので、明治期に北海道の坂本家に譲られ、それがさらに昭和六年に坂本家から博物館へ寄贈されたのである。現在、国指定重要文化財。

これ以外に現在、井口家アルバム二冊のほか中井弘関係書簡類などの寄託を受けて博物館で保管している。

井口家の現在の御当主はまた井口新助という同じお名前で、龍馬を匿っていた幕末明治期の井口新助の曾孫にあたる。家でお持ちであった龍馬関係あるいは幕末維新関係の資料については京都国立博物館への寄贈・寄託を進められている。

そのような井口家に伝来した二冊の古いアルバム。まずそのアルバムの実態を知ることは遠回りではあるが、おりょう写真

井口家アルバム　右がA、左がB。

の謎を解きほぐす手がかりとなるであろう。

アルバムの形状を見てみよう。

アルバムは薄い方をA、厚い方をBと呼ぼう。アルバムAは縦一五・五cm、横一一・七cm、厚さ二・〇cm。クローバー形の留金具が付いている。表装は皮で幾何学文様を持ち、暗紫色を呈している。内側は厚紙による台紙が十葉あり、表裏を合わせて二十枚分の写真を入れることができる。現

在は十六枚のセピア色の人物写真が保持されている。

一方、アルバムBは縦一五・〇cm、横一二・〇cm、厚さ六・〇cm。表装は皮で幾何学文様を持ち、茶褐色を呈する。表紙右側の中央部に裏表紙とを繋ぐ留金具を持っている。アルバムの中には厚紙台紙が二十五枚あり、五十枚分の写真を納めることができるが、現状は一枚脱落して四十九枚の写真が残っている。両方のアルバムとも金具や皮の装飾から日本製ではなく、ヨーロッパで製作されたものと見られる。

アルバムの中は紙の台紙に手札サイズの写真が下部から差し込めるようになっていて、写真は貼り付けられたものではない。明治時代初期、おそらく明治二十年前後頃までに写真が集められて、納められたことは人物写真の顔ぶれや服装、背景などから想像される。

アルバムの保存状態は比較的良好ではあるが、写真は台紙から取り出すことのできる状態にあり、台紙枠紙が破れて保持が緩くなったものもある。ただ写真外枠の記載名と写真が現状では対応しているので、後世の入れ替えなどは考えなくて良いだろう。またアルバムBは背表紙が割れて剥がれかけている。しかし納められた写真そのものは経年変化も少なく、焼付け当時からはあまり変化がなかったように思われる。

アルバム写真に加えて、井口家に伝わった維新関係者などの写真が封筒に八枚入って（井口家アルバム名簿のC）博物館に寄託されている。

さてこのアルバムに関する最大の問題点はこのアルバムを制作した人物が誰だったかということである。このことはアルバムの性格を考える上で大変に重要だ。

筆者は博物館に御寄託いただく以前、宮地佐一郎『坂本龍馬写真集』などの書物で井口家伝来のアルバムのことを知っていた時には、このアルバムは近江屋主人の井口新助が作ったものと思い込んでいた。しかし、現当主の井口様からこのアルバムが家に伝わった経緯を直接聞いた際、明治時代半ばに中井弘が井口家に託したもののひとつがこのアルバムだと初めて伺った。しかしながら最初は少しもピンとはこなかった。心の中で「中井弘？誰だそりゃ」と思っていたのである。

㈣　中井《なかい》弘《ひろむ》のこと

幕末維新の歴史に詳しい方でも中井弘についてご存知の方は決して多くはないであろう。ここでは井口家アルバムを作ったとされる中井弘、幕末維新史の名脇役と言える彼の生涯と人物像について述べておこう。おりょうの写真問題の解決には少々の回り道とはなるが、お付き合い願いたい。

中井弘は薩摩人。天保九年十一月に鹿児島城下平野馬場で横山詠助の子として生まれ、鹿児島で育った。幼名を休之進。藩校造士館に学ぶ。安政年間に薩摩藩の状況に飽き足らず脱藩した。この際の中井の脱藩方法はあまりにも面白いので章末のコラムに掲げた。参照いただきたい。流浪の後、土佐藩参政の後藤象二郎に見出され、土佐藩の出資で英国へ留学。帰国後、慶応三年頃に長崎で坂本龍馬や海援隊とも関係を持ったとされる。宇和島藩の周旋方などを務め、中井弘三あるいは弘蔵と名乗った。後藤象二郎との関係で、後藤休二郎と名乗ったこともある。また同世代である長州の伊藤博文や井上馨とも友人関係にあった。王政復古直後の慶応四年には英国留学経験を買われて外国事務各国公使応接係を担当した。慶応四年の二月三十日に起きた京都三条縄手での英国公使ハリー・パークス襲撃事件では後藤象二郎とともに抜刀して暴漢に応戦し、手傷を負いながらも退けた。御所へ参内する途中の英国公使一行の行列に攘夷を標榜する二人が斬り込んできたこの事件は、誕生したばかりの新政府の屋台骨を揺るがすような外交上の大事件であったが、中井と後藤の活躍で公使は無傷で救われたのである。この時の中井の奮戦ぶりはアーネスト・サトウの回顧録などに詳しい。ちなみにこの行為を賞して英国から中井へ贈られたイギリス製の装飾太刀と事件の時応戦して刃こぼれした中井の日本刀とは娘婿の原敬から明治三十六年に京都国立博物館へ寄贈され、今に伝わっている。

維新後中井は外国事務畑を歩み、欧州勤務などを経て明治十七年には滋賀県知事に就いた。この在任中には京都府の北垣知事と協力して琵琶湖疎水の工事を進めたことで知られている。明治二十二年には元老院議官・貴族院議員を務めた。さらに明治二十六年には京都府知事に就任したのである。しかし明治二十七年十月に病没。享年五十七歳。墓は東福寺即宗院。号は中井桜州。桜州山人とも。

中井弘はその開放的な性格から朝野に交友が広かった。そのひとりが実は近江屋の井口新助であった。両者とも天保九年生まれの同い年であった。井口家資料を追究された西尾秋風氏によれば、幕末慶応年間、空腹のため京都高瀬川蛸薬師橋下ルで行き倒れ寸前だった脱藩浪人の中井を助け、食事をふるまうなど世話をしたのが若き日の井口新助と妻スミだったという。時は経て明治十七年となり、滋賀県知事から呼び出しを受けた井口新助がおそるおそる大津の県庁を訪ねると、県知事閣下があの中井弘であり、その後旧交を復活させたということである。中井弘の息子と井口新助の息子新之助とは友達で、祇園で一緒に遊んでいた、とは筆者が現当主の井口様から直接お伺いしたことである。

井口新助の人柄を信頼した中井弘は明治二十七年の死の間際、自らの遺産の分配処理を友人である新助に一任し、中井あての書簡類三巻をはじめ中井の勲二等瑞宝章や例のアルバム二冊などを井口新助に託したという。それらは永く井口家に伝えられ、現在は博物館の寄託品となっているのである。

中井弘の追悼録には様々な人物との関わりと抱腹絶倒の逸話が数多く記述されている。本書で具体的にあげる余裕はないが、その交友関係の広さは中井にあてた手紙の人名で分かる。薩摩・長州を中心に明治初期の主要な人物を網羅していると言って良い。手紙類は井口家資料に三巻分と鹿児島県歴史資料センター黎明館に数百通が保存されている。

黎明館に伝わる中井弘あて書簡は整理され、発信者別のリストが作成されている。それによると、手紙の多い順に、伊藤博文 四十七通、岩崎弥之助 四十二通、芳川顕正 十七通、山県有朋 十六通、楠本正隆 十三通、木戸孝允 十通、吉田清成 十通、児玉源太郎 八通、などである。

また井口家に託された中井弘あて書簡類三巻の差出人を列挙すれば、伊藤博文・山県有朋・大久保利通・野津鎮雄・樺山資紀・品川弥二郎・森有礼・村山松根・後藤象二郎・伊地知季珍・井上八郎・吉井友実・黒田清綱・山地元治・井上馨・大隈重信・板垣退助・西郷従道・山田顕義・土方久元・大山巌・ソルムス（英国人）などである。それらは明治五年前後の書簡類であり、中井の交友と位置が想像される錚々たる人名群である。

中井弘は薩摩出身者にも拘らず、活動的で多弁で才気煥発型の人間であったらしい。無口を尊び体育会系とも言える薩摩人の典型からは大きく外れた人物であったようだ。薩摩藩を脱藩し、土佐の後藤象二郎に見出されたのもうなずける。また長州の伊藤や井上と友人というのも薩摩系とは言い難い。

アーネスト・サトウは中井のことを日本人には珍しい陽気な性格だと評している。無類の酒席好きで、外国事務応接掛の「幇間」とも呼ばれていたとサトウは記している。新政府のお金で京都の祇園などで外交官らを接待していたのであろう。しかし明治元年の秋に横浜でサトウと会った中井が会津若松城攻防戦の様子と戦局の見通しを語ったことなどの記述から、中井がただのお調子者ではなかったことが分かる。サトウは中井を日本政府の信頼できる情報提供者と見ていたようだ。また現在我々が普通に使う「忘年会」という言葉も中井が創作したとされている。

中井弘の追悼録には彼のことが「性豪放にして飄逸、縦横の機智、稜々の気骨、その行為往々人の意表に出で生涯を通じて逸話と奇聞に富むところ、又凡庸人の企及すべからざるものがある」と評されている。調べれば調べるほど興味深い人物である。

このような中井弘が作ったアルバム。次にその中身を検討してみよう。

(五) 井口家アルバムの内容

アルバムに納められた写真は二冊で六十五枚である。そのほかに封筒に入っていてアルバム外の写真は八枚、その写真の多くは明治維新関係者、および旧藩主クラスの華族の写真、海援隊関係者などである。170〜173ページに別掲のリストを参照していただきたい。アルバムにはアルバムを作った者の名前や年号日付などは記入されていない。写真の入った枠の外側に墨書あるいは鉛筆書きで名前が記されているのである。

このアルバムが京都の醤油商主人の井口新助によって作られたと考えることもできよう。幕末はともかく明治に入ると高名な人物の写真は東京などで土産用として大量に販売されていたとされるからである。京都の富商が、関係者からもらったり土産物屋で買ったりして、坂本龍馬と海援隊士らの写真を集め、三条・岩倉・旧藩主クラスの著名人の写真は面識はなくとも買い集めたものと見ることもできなくはない。

しかしやはり井口家の伝承どおり、二冊のアルバムは中井弘が制作した可能性が高いと見なされる。その証拠は写真の横に記入された名前の記述方法にあるのである。

中井よりも目上と考えられる岩倉具視は「岩倉公」。三条実美は「三条公」と記されている。大久保利通は「大久保利通」と呼び捨てされている。それに対して、土佐藩・海援隊関係者は「土州長岡謙吉君」、後藤象二郎は「後藤象二郎君」など「君」付けである。そして最も注目すべきは永山弥一郎の「永山弥一郎君」である。

永山弥一郎（一八三八～一八七七）は薩摩人。戊辰戦争に従軍し、明治四年陸軍少佐、北海道開拓使三等を経て、明治八年に鹿児島へ戻る。明治十年の西南戦争では西郷軍の三番大隊長を務め熊本城を攻めた。熊本八代の防衛に破れて自刃した。享年四十歳。この永山弥一郎は典型的な薩摩人の風貌を備えており、この写真も一時西郷隆盛とされたことのある堂々とした立ち姿の写真である（182ページ）。明治四・五年頃の撮影と見られる。中井弘と永山弥一郎は薩摩藩士出身であるとともに、年も場所も同じ天保九年の鹿児島城下生まれであった。二人はあるいは幼馴染であったかもし

井口家アルバム名簿

＊「番号」のアルファベットは、それぞれA＝薄いアルバム、B＝厚いアルバム、C＝封筒に写真が納められていることを示す。

＊「お竜」写真（B46）と背景の装飾板が同じ写真は「背」に、床の絨毯文様が同じ写真は「床」に○を記した。

番号	写真	記述名	本名	備考	写真館	背	床
A1	男性首像 和装		高松太郎か	海援隊 慶応三年か			
A2	男性立像 和装	土州 菅野角平君	菅野覚兵衛	海援隊 慶応三年か	上野彦馬か		
A3	男性座像 洋装	長州 木戸公	伏見宮 貞愛親王	皇族（記述は誤り）	内田九一か		
A4	男性立像 和装	後藤庄次良君	後藤象二郎	土佐藩 慶応三年	上野彦馬		
A5	男性座像 和装	土州 長岡謙吉君	長岡謙吉	海援隊 慶応三年か	上野彦馬		
A6	男性座像 和装	福井縣三ツ国君幽眠先生	三国幽眠	福井藩士			
A7	男性胸像 和装	江藤新平 町田久成	町田久成	薩摩藩士 留学生			
A8	男性二名座像 和装	一新初年 嶋津公	島津珍彦ほか一名	薩摩 島津久光の息子達	上野彦馬		
A9	男性座像 和装	土州 中嶋作太郎君	中島信行	海援隊 慶応三年か	上野彦馬		
A10	男性座像 和装	薩州大久保一翁	大久保一翁	幕臣 明治以降	上野彦馬		
A11	男性立像 和装		（不明）	若い男性 海援隊士か	上野彦馬		
A12	男性立像 和装		長岡謙吉	海援隊 慶応三年か	上野彦馬		
A13	男性立像 和装	山本幸助	山本幸助（洪堂）	海援隊 慶応三年か			
A14	男性座像 和装	高杉	高杉晋作	長州 慶応二年ごろ	上野彦馬		

A15	男性座像 和装		（不明）	幕末			
A16	男性三名座像		キング提督他	英国人と日本人二名			
B1	男性座像 和装	三条公	三条実美	公家 明治以降			
B2	男性座像 和装	岩倉公	岩倉具視	公家 明治以降			
B3	男性立像 和装	勝	勝海舟	旧幕臣 明治以降	内田九一	○	
B4	男性立像 和装	島津図書久治 島津公	島津珍彦か	薩摩 島津久光の息子	内田九一	○	
B5	男性座像 和装	島津忠欽島津公	島津忠欽か	薩摩 島津久光の息子	内田九一	○	
B6	男性立像 和装	永山弥一郎君	永山弥一郎	薩摩 陸軍少佐			
B7	男性胸像 洋装	大久保利通	大久保利通	薩摩 内務卿			
B8	男性胸像 洋装	木戸公	木戸孝允	長州 参議			
B9	男性胸像 洋装	大鳥圭助	大鳥圭介	旧幕臣 明治以降			
B10	男性胸像 和装	大隈伯	大隈重信	肥前 参議			
B11	男性座像 和装	東伏見公	東伏見公か	皇族 明治以降	内田九一	○	○
B12	男性座像 和装	徳川慶喜公	徳川慶喜	将軍 幕末写真			
B13	男性胸像 洋装	榎本鎌	榎本武揚	旧幕臣 明治以降			
B14	男性立像 洋装	最初軍医総監 松本順	松本良順	旧幕臣 明治五年頃	内田九一	○	○
B15	男性二名 洋装・和装	井上馨 芳川顕正	井上馨 芳川顕正	長州 明治以降	内田九一	○	
B16	男性胸像 洋装	大久保一翁	大久保一翁	旧幕臣 東京府知事			
B17	男性立像 和装	後藤象次郎	後藤象二郎	土佐 明治六年参議	内田九一か		
B18	男性胸像 和装		（不明）	明治以降			

B19	男性立像　和装	徳川亀之助	徳川亀之助	徳川家達	内田九一	○	
B20	男性集合　和装	西郷	島津兄弟ほか	六名集合　謎の西郷写真	内田九一	○	
B21	男性胸像　洋装	上野公使	上野景範	薩摩　駐英公使			
B22	男性立像　洋装	青木周蔵	青木周蔵		内田九一	○	
B23	男性胸像　洋装	山縣公	山県有朋	長州　陸軍卿			
B24	男性立像　洋装	前島密	前島密	郵便制度創設者	内田九一	○	
B25	男性立像　和装	細川公	細川護久	明治以降	内田九一	○	○
B26	男性二名　和装	前田公	前田利同	旧富山藩主親子	内田九一	○	
B27	男性立像　和装	徳大寺卿	徳大寺実則	公家	内田九一か		
B28	男性座像　和装	長州公	毛利敬親	長州藩主　キング提督会見時			
B29	男性胸像　洋装	板垣伯	板垣退助	明治　参議時代か			
B30	男性親子像　和装		松平茂昭親子	旧福井藩主	内田九一	○	
B31	男性座像　和装		（不明）	松平光庸か　信濃松本藩主			
B32	男性座像　洋装		（不明）	大名あるいは公家　若い			
B33	男性立像　洋装	福澤諭吉	福沢諭吉	断髪後	内田九一	○	
B34	男性座像　洋装	津軽経永	津軽承昭	細川斉護の四男	内田九一	○	○
B35	男性座像　洋装	萬里小路博茂公	萬里小路博茂	公家	内田九一	○	
B36	男性座像　洋装	備前公	池田章政	旧岡山藩主	内田九一	○	○
B37	男性座像　洋装		（不明）	旧藩主クラス　上杉茂憲か	内田九一か		
B38	男性胸像　和装	容堂公	山内容堂	旧土佐藩主			

B39	男性座像　和装	容保　會津中将	松平容保	旧会津藩主　明治以降			
B40	男性座像　和装	京都府知事　長谷　篤	長谷信篤	京都府知事			
B41	男性立像　和装	紀州公　徳川茂承	徳川茂承	旧紀州藩主　椅子はB46と同じ	内田九一		
B42	男性座像　洋装	大阪府知事　渡辺昇	渡辺昇	旧大村藩士　大阪府知事			
B43	男性座像　和装		西周か				
B44	男性胸像　洋装	若州公　酒井忠道	酒井忠道	旧小浜藩主　若者			
B45	男性胸像　洋装	槇村	槇村正直	長州　京都府知事			
B46	女性立像　和装	お竜	楢崎龍か	坂本龍馬夫人	内田九一	○	○
B47	男性座像　洋装	土州人	沢村惣之丞	海援隊士　関雄之助	上野彦馬か		
B48	男性三名座像　軍装		(不明)	長崎振遠隊　上野幸馬を含む			
B49	画幅写真		(不明)	僧侶画像　人物は不明			
C1	男性座像　和装		中岡慎太郎	慶応二年　京都	保利与兵衛		
C2	男性座像　和装		勝海舟	明治以降			
C3	男性座像　和装		高杉晋作	慶応二年　長崎	上野彦馬		
C4	男性座像　和装		後藤象二郎	慶応三年　長崎	上野彦馬		
C5	男性座像　和装		桂小五郎	慶応年間　長崎か　木戸孝允	上野彦馬		
C6	男性立像　和装		長岡謙吉	海援隊士	上野彦馬		
C7	男性座像　和装	井口新助	井口新助	井口家伝来			
C8	男性胸像　和装		坂本龍馬	坂本龍馬	上野彦馬		

れない。この関係が「永山弥一郎君」というアルバムへの記入となったのではなかろうか。このアルバムを仮に井口新助が制作したとするならば「後藤象二郎君」や「永山弥一郎君」という呼称はありえない。やはり中井弘が作ったと見るべきである。

アルバムの人脈を分類すれば、明治初期の政府関係者、薩摩出身者、外交関係者、土佐海援隊関係者、旧藩主・藩知事などとなる。中井の経歴や逸話からその人脈が大変に広かったことは先に述べたが、中井の出身地である薩摩関係者はもちろんのこと、新政府の関係者、三条公や岩倉公をはじめとするトップクラスとも面識以上のものがあった。パークス襲撃事件では中井の活躍で公使が助かったのであるから三条や岩倉が中井に声をかけることは当然であろう。また中井の追悼録には岩倉と面識があったとの記述もある。青木周蔵や萬里小路博茂などは外交分野での中井の関係者と見れば関係があったと見ることができる。

また一見しただけでは中井弘とは関係がなさそうな旧藩主クラスの人物、例えば前福井藩主松平茂昭、前津軽藩主津軽承昭、前岡山藩主池田章政などの歴々とは貴族院議員時代に関係していた可能性が考えられる。

さらに土佐海援隊関係者の写真は中井と後藤象二郎との関係から推測される。慶応三年に長崎で海援隊と関わりを持ったのであろう。アルバムを井口新助制作と考えることができるとすればこの海援隊関係者の写真が多いことなのであるが、その人脈の共通性こそがこのアルバムを中井弘が井口新助に託すきっかけとなったのではないかと推測されるのである。

はじめ筆者は、明治の有名人を網羅するために直接関係なく面識もない人間の写真も買い集めて作ったものかと考えていたのだが、中井の事績をたどってみれば、アルバム写真の大部分は中井弘と何らかの関わりを持った人物だと分かってきたのである。

中井との関係でアルバムに含まれていない写真は伊藤博文と自分自身くらいであろうか。

二冊のアルバムに納められた複数の写真、たった一枚の写真を除いてすべてが男性の写真であった。件の「お竜」写真が唯一の女性の写真だったのである。そのことは一枚しかないこの女性の写真が花街の芸妓などの「美人写真」ではないことを示している。中井弘であれ井口新助であれアルバムの作成者が単なる美人好きで加えた写真なのであれば、もっとほかにも女性の写真が納められていて然るべきではなかろうか。このアルバムの中に女性の写真がたった一枚であったこと、その意味は考えてみる価値があるだろう。

写真の女性が中井の妻ではないかということも考えられなくはない。しかし中井の最初の妻は後に井上馨の妻となり鹿鳴館で名を知られた井上武子であり、顔は異なる。ちなみに中井と武子の間にできた長女が後の総理大臣原敬の妻定子である。さらに武子の次に妻とした竹子は芸妓出身の細面の美女（井口家寄託品の中にアルバムとは別に、この中井の二番目の妻の和装・洋装二枚の写真がある。明治十年代に鈴木真一撮影）であるが、アルバムの「お竜」写真の女性とは全くの別人なのである。話はそれたが、少なくとも何の関係もない人物を納めたようなアルバムでないことだけは確かなのである。

では中井弘は龍馬の妻おりょうを知っていたのだろうか。

中井が後藤象二郎と深い関係にあることはすでに述べた。慶応三年に後藤休二郎を名乗り、パークス襲撃事件の際も二人で戦ったのだ。後藤象二郎は土佐藩参政として、慶応三年一月には長崎で龍馬と会見し、亀山社中を土佐藩後援の海援隊とすることで協力関係が始まった。龍馬は慶応三年の家族あての手紙の中でたびたび後藤象二郎について言及している。龍馬らが発案した土佐藩の大政奉還策の推進に後藤は重要な役割を果たした。

中井と龍馬の直接的な関係を示す史料を『坂本龍馬全集』から拾い上げると岩崎弥太郎の瓊浦日記、慶応三年五月二十二日条に「田中浩助英ヨリ帰ル」とあり、その田中幸助（浩助）を長崎大浦の英商ヲールト宅に同行す、とある。この頃は長崎でイロハ丸の衝突事故の補償問題が持ち上がっていた時期である。薩摩の五代才助らを仲介者に紀州藩と交渉するのだが、この交渉時にイギリス帰りの田中幸助（中井弘）が立ち会ったという記述である。さらに中井は長崎を後藤や龍馬とともに夕顔丸で出立して京都へ向かったらしい。

その後藤と龍馬の関係、後藤と中井との関係から龍馬と中井弘とは長崎などで交流があったのではなかろうか。ただし残念ながら現存する龍馬の書簡には中井の名は出てこない。中井の追悼録を読むと、土佐藩提出の大政奉還建白書の内容にまで中井は関わっていたと記されている。それが本当ならば海援隊の龍馬や長岡謙吉とは親密であって然るべきである。そして中井がおりょうを知っていた可能性は高いと考えられる。

井口家に伝来したアルバムを作った中井弘がおりょうを知っていたのならば、アルバムの中の「お竜」写真は龍馬の妻おりょうではないのか。

また明治二十七年に中井弘からこのアルバムを託された井口新助も当然おりょうは知っていたのであるから、アルバムにある「お竜」の書き込みが誤りなのであれば訂正するのではないか。それがされていないということは近江屋主人の井口新助もこの女性を「おりょう」と認めていたことになるのではないか。

㈥　古写真のこと―写真師内田九一―

回り道のついでに日本における黎明期の写真事情と、この「お竜」写真を撮影したとされる写真師内田九一について記しておこう。アルバムの女性写真がおりょうか否かを判断する前に幕末から明治初期の日本の写真事情を知っておくことは決して不要ではない。

私たちが毎日どこかで必ず目にしている写真。写真は人類史上の偉大な発明のひとつである。

一八二〇～三〇年代にフランスやイギリスで初期の写真術が開発された。フランス人のダゲールがダゲレオタイプ（銀板写真）による現存世界最古の写真を撮影したのは西暦一八三七年のことである。日本の年号では天保八年にあたるので、龍馬が誕生して間もない頃であった。このダゲレオタイプの写真機一式がオランダ船で長崎に渡来し、日本人上野俊之丞の手に渡ったのは嘉永元年（一八四八）。ここから日本の写真史は始まったのである。安政四年九月十七日撮影とされる島津斉彬写真が現存日本最古の人物写真であるとされている（市木四郎撮影、国指定重要文化財）。

この安政年間にはダゲレオタイプ（銀板写真）に代わってコロジオンプロセス（湿板写真）が導入され、明治中期に乾板写真が普及するまで主流を占めた。井口家アルバムに納められたような慶応から明治十年代頃の人物写真はすべてこの湿板写真を鶏卵紙に焼き付けたものである。銀板写真では数分を要した露光時間が湿板写真では数秒～十数秒に短縮されたのが進歩であるという。また鶏卵紙に焼かれた写真はセピア色を呈したものとなるのが特徴とされる。

安政四年（一八五七）、長崎の海軍伝習所にオランダの医官ポンペがやってきた。西洋式医術の向上のため幕府の医師松本良順は長崎に医学伝習所と日本初の西洋式病院を開き、ポンペを講師に迎え日本人学生に医学・物理学・化学の講義を行なうことになった。その講義の中に写真術も含まれていた。この伝習所に上野俊之丞の息子上野彦馬や内田九一は出入りしていた。やがて上野彦馬は長崎で有名な写真師となり、内田九一は上野彦馬にも師事をした。

上野彦馬（天保九年~明治三十七年）は文久二年（一八六二）に長崎中島川畔に上野撮影局を開き、明治時代にかけて大変繁盛した写真師であった。私たちがよく知っている坂本龍馬の立ち姿や椅子に掛けた姿の写真を撮影したのが上野彦馬である。龍馬の立ち姿の写真は慶応三年の一月頃、長崎で後藤象二郎と会見した時あたりに撮影されたのではないかとされている。また高杉晋作や桂小五郎、伊藤博文など幕末期には長州系の人物写真を撮影した。上野彦馬は明治になっても長崎で写真を撮り続け、明治十年の西南戦争では戦闘後の戦場の様子を撮影している。また明治二十四年に来日したロシア皇太子ニコライが人力車に乗っている有名な写真を撮影するなど、長崎に来航した外国人の顧客も多かった。井口家アルバムに納められた写真のうち海援隊関係者を中心とする数点は、背景や小物の特徴からこの長崎の上野彦馬写真館で撮影されたものであることが分かる。

一方、内田九一（天保十四年~明治八年）は長崎から大坂へ出て、慶応二年には横浜馬車道、明治二年には東京浅草で開業して大変繁盛した。長崎以来の知り合いである松本良順の推薦で明治新政府の高官や旧大名が次々に撮影に訪れたという。また九代目市川団十郎などの歌舞伎役者や芸妓の写真も多い。東都一の写真師との評判が高く、その成功ぶりは隅田川に「内田橋」を架けようかと豪語したと伝わることからも推測される。内田九一撮影で最も知られている写真は明治六年撮影の明治天皇・皇后の写真であろう。明治天皇は洋装軍服姿で椅子掛けている。この写真は現在見ても充分に評価できる素晴らしい出来上がりである。また新選組局長近藤勇のよく知られた座像写真も内田九一の撮影である。慶応四年正月の鳥羽伏見の戦いの後、近藤らが船で大坂を引き揚げて江戸へ戻った時、おそらく慶応四年二月上旬に医師松本良順の役宅でこの内田が撮影したものとされている。

内田九一は明治八年に亡くなるので彼の東京浅草での活動期間は明治二年～明治八年頃ということになる。もちろん彼の死後急に店が畳まれた訳ではなく、後継者がスタジオを使って内田の名前で営業を続けた。このことは注意すべきである。

残念ながらこの内田九一写真館関係の記録、顧客名簿や大福帳などの文書は現存しないようである。今のところ残された写真からその活動を復元するしかない。

おりょうかと見られる井口家アルバムの女性はこの東京浅草の内田九一写真館で撮影されている。

内田九一の写真館での人物写真の特徴を掲げてみよう。井口家アルバムの「お竜」写真と同じ背景を持つ写真を同じアルバム中にも見ることができるが、最も特徴的なのは高さが七五㎝ほどと思われる背景の横長の装飾板（腰板）である。木製で横長の連珠による区画の中にはロココ調の渦巻く樹木文様が浮彫りされていて大変印象的である。日本製とは考えられない、かなり特徴的な文様板である。井口家アルバム六十五枚中十八枚にこの装飾板が写っている。非常に凝った文様の特徴から、ほかの写真館にも同じものがあるようには思えない。その装飾腰板より上は白っぽい無地の背景となる。被撮影者が立てば腰から上が、椅子に掛ければ肩から上が無地の部分を背景とすることになり、人物の表情を妨げない工夫が見られる。

また「お竜」写真の床の部分にはかなり大胆な菱形格子文様の絨毯が敷かれている。背景の装飾板が共通でも床の文様が異なる場合があるので時期によって変化したか、あるいは撮影の雰囲気を変えるために敷物が複数用意されて適宜交換されていたのかもしれない。井口家アルバムのリストに示したように「お竜」写真と背景板＋絨毯文様が一致する写真が五枚ある。Ｂ34番の津軽承昭、Ｂ36番の池田章政、Ｂ11番の「東伏見公」、Ｂ14番の松本良順、そしてＢ25番の細川護久の各写真である。

また装飾板を手がかりに見ると、撮影に要した椅子やテーブル、肘置の円柱台などに共通性があることがわかる。「お竜」写真の左側に写る椅子は三本脚の軽快な装飾を持つ特徴的なものであるが、Ｂ41番の徳川茂承写真にも写っている。

このように背景板や床の絨毯、小物を比較検討すれば貴顕が列を成して撮影に訪れたという浅草の内田九一の写真場はある程度復元できるのではないか。

内田九一写真館撮影の確実な証拠は実は写真の裏面に内田写真館のラベルあるいは印刷台紙が使用されていることである。

この点、古写真研究をされている井桜直美氏（後出）に伺ったのだが、オリジナルの内田九一の写真には裏に内田のラベルが貼られるか、あるいは印刷された台紙が使用されたという。有名な松

井口家アルバムＢ６番　永山弥一郎

井口家アルバムA14番　高杉晋作

井口家アルバムB41番　徳川茂承

井口家アルバムB14番　松本良順

平春嶽公アルバムの写真にも多くの内田九一ラベルを持つ写真が含まれている。しかしながらこの井口家アルバムの写真には、全部裏面を確かめたのだが、そのような台紙のものはひとつもなかった。井口家アルバムの写真はオリジナルではなく大量に複製された写真の一枚なのではなかろうか。当時の写真が撮影直後に何枚紙焼きされるのかは不明だが、常識的には一枚から数枚程度であろう。それらがオリジナル紙焼き写真となる。それは基本的に撮影された人物の手元に残り、複数の場合は家族や友人などに渡されたが数は限られたものであっただろう。それに対し井口家アルバムの写真はオリジナル写真の原板からの焼き増しか、あるいは内田以外の写真師による複写、いわゆる海賊版の可能性が考えられる。維新の元勲や政府高官、学者・軍人などの有名人や役者・芸妓写真などが土産用として東京や横浜などで大量に販売されていたのであろう。

中井弘は写真に写っている本人から直接写真をもらったのではなく、そのような土産写真の中から彼に関係した人物の写真を買い集めたのではなかろうか。裏面に内田のマークが入っていないものばかりなのはそういう理由であろう。

内田九一写真館の写真撮影上の特徴はやや引き気味に撮影することである。人物は縦位置で足先から頭までを画面の上下に余裕を持たせたまま撮影しているものが多い。床の絨毯文様が手前まで写り込んでいる場合も多い。カメラの位置もやや高めであった印象を受ける。被撮影者が和装の場合でも椅子に腰掛けたりしており、出来上がりは洋風である。和風な感じは受けない。人物は正面向きは少なく、右あるいは左を向いて撮影されるのが特徴であり視線も横へ逃げているものが多い。

井口家アルバム二冊に含まれる写真六十五枚のうち背景板・絨毯・小物および撮影上の特徴などから東京浅草の内田九一写真場で撮影されたと見られるものは二十三枚に達する。いずれも明治初期の著名な人物ばかりである。新政府高官に加えて旧大名・藩知事も目立つ。この井口家アルバム以外の写真も加えて比較検討するならば、旧大名らは洋装と和装姿で同日に撮影されたものが多いのが特徴である。頭は髷ではなく洋髪である。明治四年の廃藩置県を受けて東京へ集まった旧藩知事らが、ほぼ同時期に内田九一写真場で記念写真を撮ったのではなかろうか。その撮影時期は維新直後の明治二年とかではなく、洋装洋髪姿から見て明治五年前後に集中しているようである。

年代が限定できる写真は松本良順である。戊辰戦争で旧幕府軍側に属し、会津などで負傷者の治療にあたっていた松本は維新後しばらくは民間病院の経営を目指していた。明治陸軍の山県有朋が松本に陸軍軍医頭を依頼したのは明治四年、そして初代の軍医総監となったのは明治六年から十年の間である。井口家アルバムに残された松本良順の写真（182ページ）は明らかに陸軍の軍服を着たもので、陸軍軍医頭あるいは軍医総監に任じられたことを記念して旧知の内田九一に撮影を依頼したのであろう。明治四年～六年頃の可能性が高い。この松本良順写真と「お竜」写真には全く同じ背景装飾板と菱形文様の絨毯が写っているのである。「お竜」写真も松本良順写真と同時期に撮影されたのではないか。

井口家アルバムの「お竜」写真の撮影時期はこのように推定されるのである。

「お竜」写真を明治八年の内田九一の死後、写真館の後継者による撮影だとする説がある。内田九一存命中は高位高官専門の店だったが、内田の死後ようやく庶民も撮れる大衆的な写場となった。すなわちおりょうさんのような素人は明治十年以降の撮影なのだ、とする説である。しかし筆者は「お竜」写真の持つ雰囲気から明治五年前後のお偉いさんがたの写真の撮影時期と同じ頃のものと感じるのであるが、いかがであろうか。


旧藩主クラスの人物写真は旧華族の家に保存されている日誌などに撮影日などが記されている可能性が高い。写真撮影がまだ珍しかった明治初期である。何年何月何日に浅草内田写真場で撮影されたのか、また費用はいくらであったのかなど。今後その方面から内田写真館の実態は追究できると見られるのである。

(七)「お竜」写真の実態

井口家アルバムの成り立ちを述べてきたが、次に写真の女性そのものに踏み込んで検討しよう。

井口家アルバムBの終わり近く、B46番にこの写真はある。見開きの左側頁であり、右側は京都府知事を務めた槇村正直である。槇村とおりょうに直接の関係はないようである。この「お竜」写真の裏側には関雄之助（沢村惣之丞）の洋服姿の写真が入っている。龍馬脱藩以来の同志であり、長崎の亀山社中や海援隊に参加したことで知られる。もちろん龍馬の妻おりょうとも関係深い人物である。この組み合わせには何か意味があるのだろうか。

女性の写真は台紙の大きさ縦九・八cm、横六・一cm、写真本紙の縦八・九cm、本紙横五・三cm。

左頁「お竜」写真、右頁 槇村正直写真

「お竜」写真左下の鉛筆書き

写真を納める枠台紙の左下に鉛筆で縦に「お竜」と記されている。中井の筆跡は墨書のものが鹿児島黎明館などに保管されているが、アルバムの鉛筆書きの文字が中井の筆跡か否かは確認できない。現当主の井口氏に確認したが、このアルバムを初めて見た昭和初期には既に「お竜」の文字があった。またそれ以前は祖父新之助の管理が厳しかった

写真Ａ　井口家アルバムＢ46番「お竜」写真

ので、誰か別人がアルバムに書き入れを行なったとは考えられないということであった。
写真はほかの鶏卵紙写真同様にセピア色を呈している。サイズもほぼ一定である。内田九一のスタジオの特徴である背景装飾板、格子文様の絨毯、そして装飾性豊かな三脚の椅子が写っている。その椅子はＢ41番の写真にも写っている（182ページ）。

女性は日本髪の着物姿で立っている。右手は椅子の背に置き、左手は帯に挿した扇子を握っているようだ。着物は縞の格子柄の紬で色合いは紺色かと推測される。帯は幅広で結び目が腰の後ろに見えているがその様子ははっきりしない。足元の履物も見え辛い。顔は細く、瓜実形と呼んでも良い。鼻孔が見え気味である。耳は大きめで頸部は細長い。身体全体は細身のように見える。また背景の装飾板との大きさをほかの男性写真と比較すれば、かなり小柄と言うことができよう。

晩年の写真と比較して指摘されることだが、この写真の女性は襟の後ろが広い。いわゆる襟を抜いた状態である。芸妓など玄人の写真だとされる所以である。しかし芸妓が写真を撮られる際に紬の着物を着るのはおかしい。芸妓はその仕事着である黒くつやつやとした絹の着物を着て、裾を長く引いて写るのではないか。この写真の女性の着物は芸妓のそれとは異なるように見える。

(八) 新たな写真の出現

井口家アルバムを井口様から博物館でお預かりしたのは平成十二年十月のことであった。その後、アルバムの内容を検討するために筆者は古写真に関する書物・文献を渉猟していた。そんな年の暮、十二月中旬の日曜日の夕方、京都河原町の大型書店で『セピア色の肖像　幕末明治名刺判写真コレクション』という厚手の本を見つけた。その表紙には見覚えのある装飾板の前に立つ男性写真が掲載されていたのである。その本の表紙写真は後で照合したが、やはり井口家アルバムの「お竜」写真と同じ装飾板を持つもので、内田九一写真場で撮影されたものと分かった。

筆者は、この本には何か役立つ情報が掲載されているのではと考え、ビニールで包装されて内容の不明なままに購入したのである。家へ帰る途中の電車の座席で包装を破り、本を捲って眺めていると、井口家アルバムで「お竜」と記された女性の腰掛けた写真が突然目に飛び込んできて仰天した。おりょう写真問題に新しい展開が始まったのである。

翌週すぐさま本の著者である東京の井桜直美様へ手紙で問い合わせをした。

筆者の手紙は「写真は坂本龍馬の妻おりょうの可能性が指摘されているものですが、ご存知でしたか？写真はどのように入手されましたか？隣に後藤象二郎の写真が載っていますが女性の写真と何か関係ありますか？写真の裏には名前など書かれていませんか？」などの内容だったと記憶する。

平成十三年の一月になって筆者の手元に井桜氏から返事が届いた。その内容は「写真が龍馬の妻の可能性があることは全く知らなかった。ただ数多い内田九一撮影写真の代表としてきれいな人を選んで書物に掲載した。入手は古書市であり、以前の所有者など写真の出自は不明。後藤象二郎写真とは無関係。そして写真の裏には名前があります。」として、裏面のコピーが同封されていた。

その名前とは「たつ」という墨書であった。この事実に筆者は頭を抱えてしまったのである。

写真の裏に名前などがありますか？の質問に関して、返ってくる答えは次の三つ。

裏面の墨書（NA−４は所蔵者の整理番号）

①写真の裏には何も記述がない場合。
通常この確率が最も高い。
②写真の裏に「おりょう」「りょう」「竜」「龍」「坂本龍馬夫人」など明確におりょうであると記される場合。
③写真の裏に「まつ」とか「とめ」とか「きぬ」とか「○○氏夫人」など、おりょうとは全く別の名前が記される場合。

これ以外はないかと思っていたが返答は思いもよらぬ第四の道を示していたのである。「たつ」と筆でしっかりと記された文字にそれ以外の読み方はない。坂本龍馬の妻は龍馬の書簡の中では「龍」である。「たつ」をおりょうとは別人と見ることもできる。しかし逆に「龍」という字は「たつ」と読むこともできる。「たつ」の記載が「おりょう」を指していると考えられない訳ではないのだ。

まず女性の写真を詳細に検討しよう。

写真は博物館の龍馬展で展示するために所有者の井桜氏からお借りして調査させていただいた。井桜直美様は古写真の収集研究をされている。筆者が書店で購入した書籍『セピア色の肖像　幕末明治名刺判写真コレクション』の著者である。幕末明治期の古写真を数多く収集され、書物にはその一部が掲載されているに過ぎない。古写真は日本国内および海外での古書市で購入されるとのことであった。この腰掛けた女性写真も古書市で購入されたものであり、特に前所蔵者の情報はお持ちでなかった。

この写真の裏面には「たつ」の墨書以外に内田九一の写真館製であることを示す台紙デザインが見られる。薄い青色で花飾り文様が印刷され「東京浅草・横濱馬車道・内田」の文字が花飾りの内側に印刷されている。このように台紙裏面に写真師の名前を表すデザインは明治時代を通じて各写真館にあったもので、外国の写真のやり方を取り入れて流行したのである。明治期の写真研究には欠かせない情報源である。この内田九一写真館は創業が古いので、初期の写真の裏側には文字だけ印刷した小さなラベルを無地の台紙に貼り付けてあるだけだったが、明治五年前後に撮影された写真には花輪文様のこのような台紙デザインが使われるようになっていたらしい。ただし、このような裏側のデザインが井口家アルバムの中の写真に一枚もなかったことは注意される。

女性写真のサイズは写真台紙縦一〇・五㎝、台紙横六・二㎝。写真本紙縦九・一㎝、本紙横五・

八cm。鶏卵紙。

女性は椅子に腰を掛けた姿で膝上が写っている。顔や着物の特徴から井口家アルバムの「お竜」写真の女性その人であり、同日同時にポーズを変えて撮影された二枚のうちの一枚であることは明

写真B　井桜直美所蔵　裏面に「たつ」の墨書がある

白である。この腰掛ける女性写真にも装飾板が見え、椅子も立ち姿の「お竜」が右手を置いた椅子そのものである。椅子に掛けてクロス架けの小さな丸テーブルに手を載せて本を読むポーズをとっている。帯に挿した扇子も立ち姿の写真と同じ位置にある。読書のポーズは明治初期の女性写真としては大変珍しいものである。

この女性が井口家アルバムの写真と同一の女性であることは明白だが、腰掛ける女性写真の方がややアップで撮影されていて、なおかつ粒子も細かい。より一層顔の表情や着物の柄などが鮮明に見えてきたのである。

㈨　信楽寺伝来のおりょう写真との比較

ここで晩年に撮影されおりょうであることが確実な横須賀信楽寺蔵の写真と、井口家アルバムの「お竜」写真、そして新出の井桜氏所蔵写真を比較してみよう。記述の便宜上、井口家アルバムのものを写真A、新出の写真を写真B、そして信楽寺の遺影を写真Cと呼ぶことにしたい。

写真Aと写真Bは内田九一のスタジオで明治五年頃に撮影された同日の写真二種類である。それに対して信楽寺のおりょう写真Cは明治三十五年前後と推定されるものである。両者には約三十年の差がある。写真A・Bに写っている女性が三十年後の写真Cのおりょうと同じ人物か否か、それ

写真Ａ　井口家アルバムの女性写真

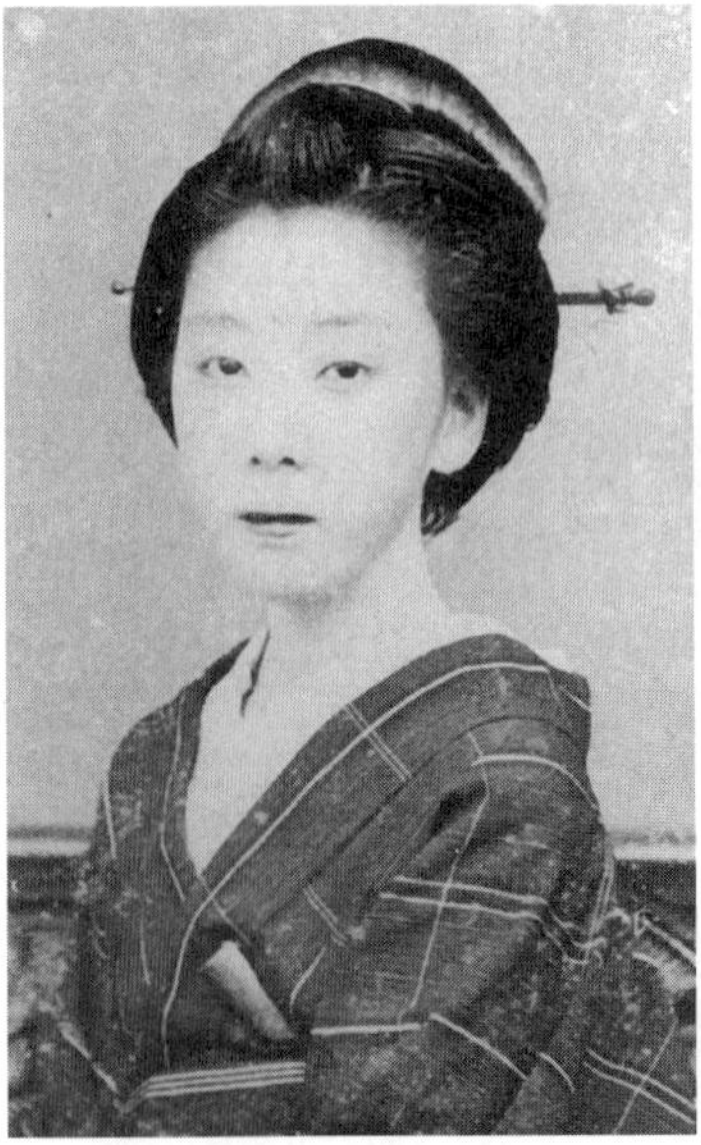

写真Ｂ　新出の写真

がこの章の最大の目的なのである。細かく見ていこう。

写真Ｃのおりょうは六十歳を越えていただろうが、細面で目元はやや下がり気味ながら、明確な二重まぶたである。また両目の下には膨らみがあり、艶っぽい目元をしている。鼻は鼻腔が見えているのでやや上向き、鼻の左右にはハの字に皺が入っている。頬はやや窪んでいる。唇は厚くぽってりしている。写っている右耳は丸く大きめである。額から髪の生え際は薄いが年齢相応であろう。左眉の陰が目じりあたりから上へ弧を描いているように見える。着物は襟を詰めて着ていることも分かる。

さて新出の写真Ｂと写真Ｃとを比較し

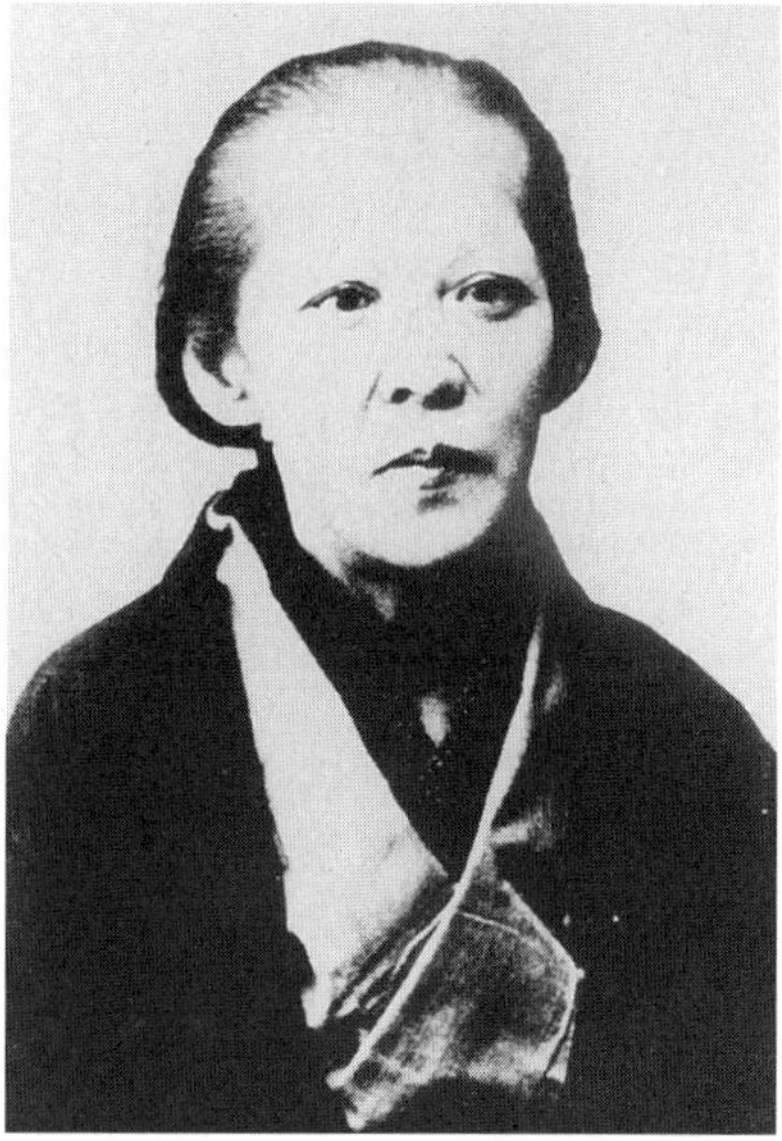

写真Ｃ　信楽寺所蔵「おりょう」写真

てみよう。井口家アルバムの写真Ａでは分からなかった部分があるのだ。印刷でどこまで表現できるか分からないが、写真Ｂの実物を拡大鏡で観察すると目元に注意が及ぶ。

腰掛けた若い女性の目は実は二重まぶただったのである。そして両目の下側には膨らみが見られるのである。この点は写真Ｃと共通する特徴である。写真Ａでは解像度が低く、目元が薄くしか写っていなかった。写真Ａと写真Ｃを比較していた段階ではこの井口家アルバムの女性は一重まぶたなのでおりょうではないとされていたが、その根拠は誤りなのである。

写真Ｂの口元は薄いように見えるが、その実は白粉を塗り、唇に小さく紅を引いているように見える。鼻の下がやや前に出ているようなところは写真Ｃに近いと思われる。

写真Ｂと写真Ｃの似ている点を列挙すれば、鼻の穴の向き、顎のラインの形状、耳の丸み、鼻と耳の高さの関係、目元の膨らみ、目が大きめであること、などであろう。

一方、その異なる点は、眉の付け根の位置である。また左右の目じりは写真Cの方が下がっている。しかし眉毛の位置が化粧法によって変わることは現代女性では普通のことなので、あるいは写真A・Bの撮影の際の化粧具合が印象を変えているかもしれない。目じりの下がりは年齢によるものではなかろうか。

おりょうがどんな容姿の女性だったのかの証言を見ておこう。

「有名ナル美人」と書いたのは土佐藩上士の佐々木高行。しかしこれでは分からない。

龍馬の死後、高知に暫くいたおりょうに会ったことがある中城仲子は「坂本のおばさん（おりょう）が土佐へ来たのは、明治元年頃だった。その時私はまだ十一、二の子供だったが、お龍さんはその時、年まさに二十八の女盛りだった。どちらかといえば小型（柄）の身体に渋好みの衣服がぴったり似合って、細面の瓜実顔は、色あくまで白く、全く典型的の京美人であった。」という証言を残している（『坂本龍馬全集』）。この話と写真A・Bの女性とは矛盾するところはない。

撮影時期が明治五年頃とすればおりょうならば三十歳過ぎなのだが、写真A・Bは二十歳前後でもなく、四十歳前後でもないように見える。三十歳過ぎでも問題はないようだ。

このように比較検討した結果、筆者は写真A・Bの女性と写真Cのおりょうとは同じ人物の可能性が非常に高いと考える。特に写真Bの出現が新たな検討の手がかりを与えてくれたのである。

(十)　女性写真は誰なのか

筆者は井口家アルバムの写真と新出の写真の女性を「おりょう」だとして次のような考察を巡らせた。

おりょうは明治五年に弟を連れて京都を離れ、東京へ出た。西郷あるいは旧海援隊士らを頼っての上京であろう。写真はその上京から日を経ずに浅草の内田九一写真館で撮影されたのであろう。薩摩あるいは長州あるいは土佐出身の高官の誰かが上京直後のおりょうの世話をしたのではないか。彼らは坂本龍馬には恩義のある連中である。おりょうが東京へ出てくれば世話をしなければならない立場にある。その誰かが自分の写真を撮る際におりょうに「一緒に写真を写しに行きませんか？」と内田九一写真場へ誘ったのではなかろうか。もちろん費用はおりょうが払うわけではない。坂本龍馬の妻だった女性として、龍馬の代わりに撮影されたと見るべきである。

「たつ」の文字についてだが、おりょうは明治時代の回想談で自分を「おりょう」と言っている。三吉慎蔵日記には「於良」と書かれている。おりょうが「たつ」と呼ばれた証拠は今のところ見つかっていない。新出写真裏面に書かれている「たつ」は、「龍」の文字を誰かが、例えば写真館の人間が、字面だけ読んでこの女性を「たつ」と認識して記したのではないかと想像するのである。

新出の写真がオリジナルであることは裏面の台紙デザインと「たつ」の書き込みから分かる。一方井口家アルバムの「お竜」写真は裏にラベルがないことから複写である可能性が高い。それは何を意味するのか。有名人や役者・芸妓ならば複写写真を大量に製造して販売することができる。しかし素人のおりょう写真はなぜ複製されたのか。想像するに、このおりょうの写真が美人写真だったからであろう。東京花街の芸妓と称しても問題のないほど売れる美人の写真と判断され、複製されたのではなかろうか。そうであれば井口家アルバム以外にオリジナルの立ち姿の写真が存在した可能性が高いのである。また同様の複製写真が現れることも予想される。

以上述べてきたように女性写真A・Bがおりょうである可能性は高いと筆者は考えている。そして、そうであることを示す確実な文献や、この二枚とは別の、もっと確実な写真が、本書をきっかけに今後出現することを期待しているのである。

おりょうの墓は海軍の街横須賀に造られた。墓は妹の中沢光枝、夫の西村松兵衛（松平）そして信楽寺住職新原了雄によって大正三年に造られたのである。その碑面には「贈正四位阪本龍馬之妻龍子之墓」と刻まれている。再婚した西村の妻ではなく龍馬の妻として葬られたのだ。このことはあるいはおりょうの晩年の気持ちの表れなのであろう。龍馬と死に別れ四十年弱、おりょうの後半生を思えば感概深いものがある。墓の中のおりょうは新たな写真をいったいどのような気持ちで見ているのであろうか。それこそが筆者の最大の気がかりなのである。

■コラム■　中井弘の脱藩

坂本龍馬は文久二年三月に土佐を抜けた。土佐西方の関所を避け、伊予の山中を通って長州の下関に向かったのだ。その脱藩の道は愛媛県河辺村のイベント「草鞋で歩こう脱藩の道」で体験したので、筆者もその山坂を越える苦労を知っているつもりである。ここでは井口家アルバムを作った中井弘、号櫻州の脱藩について見てみよう。龍馬の脱藩とはずいぶん方法が違う。中井の機智と人間性を理解いただける逸話ではなかろうか。

「中井櫻州、幕末に當り、天下の形成の一変せんとするを見て、若齢十七なるにも拘はらず、断然意を決して薩藩を脱出せしに、途に関所あり、櫻州予め之を逃ぐるの計を画らし、故紙を風呂敷に包み、さも大事そうな荷物に見せかけ、之を関所の番人に預け、請うて曰く、「予の知人、今日この地に来らんとするにより、それを迎へんとして出かけたる者なり。今や将に其の人着かんことを期す。請ふ暫く近傍を徘徊して其の来るを待たん。幸に予が為にこの荷物を預り給へ。」と。番人、之を諾しければ、櫻州心中大に悦び、関所の近傍を徘徊し、時に向ふ側に越えて歩むこと数十歩。行きつ戻りつして知人の至るを待つの状を示す。番人怪しまず。櫻州顧みて番人の油断を窺ひ、俄かに疾走すること数町、途中野馬を捕へ、一鞭を加へ、以て遁れて京都に出で、天下の志士と交はることを得たり。」

中井の追悼録『櫻州山人の追憶』六二頁、「偽りも国家の為」より。

■コラム■ 革靴を履く男性写真の謎

井口家アルバム二冊に納められた六十五枚の写真のうち写された人物が誰か、きちんと分かるものが八割ほどである。しかし「お竜」写真以外にいくつか問題となる写真がある。その一枚、番号A16番を取り上げて検討してみよう。

この写真に名前などの記述はない。外国人と日本人二名の三人が写ったこの写真は今のところ井口家アルバムにのみ納められているようで、古写真の研究書にも掲載されていない。ご所蔵者の井口様は「ペリー提督かと思っておりました」とおっしゃっていたが、右端の外国人は英国艦隊のキング提督である。問題は左側の和装で刀を腰にした日本人の姿である。足元をよく見ると袴姿なのに明らかに革靴を履いている。幕末に遡る写真で和装に革靴の人物と言えば坂本龍馬がよく知られ、龍馬の先進ぶりを示す話として紹介される部分であるが、ここにもう一人そんな人物がいたのである。この人物はいったい誰なのか。その話題を記しておこう。

右側に写る西洋人が英国艦隊のキング提督であることはすぐに分かった。慶応二年十二月三十日、周防の三田尻港にやってきた英国艦隊の船上で長州藩主毛利敬親と世子元徳に挟まれて全く同じ西洋人が写った有名な写真がある。長州が四国連合艦隊との講和の後、正式に外国と親密に交際することを確認するために長州藩へやってきた連合艦隊のトップがこの英国のキング提督だったのである。長州藩は文久年間、攘夷の旗頭であったのだが、数度に渡る外国艦隊の反撃を受けてその実力を悟り、慶応二年のこの時期には外国との和親政策に転換していた。この英国艦隊の長州訪問は長州藩にとって大変重要な行事だったらしい。山口の藩庁からは毛利公父子のほか桂小五郎や、通訳として井上馨・伊藤博文などが参加し、長州側はこの外国艦隊の接待に大変気を使っていた。この際の贈答品や食事のメニューなどの記録が残っている。

筆者はこの革靴を履く男性を、この席に参加した長州側の代表者のひとりではないかと考えた。桂や伊藤・井上ではないことはその風貌から分かる。写真のこの人物はそれなりの地位にいた人間の態度に見える。最初はその面長の顔立ちから、あるいは高杉晋作かとも考えていた。しかし高杉はこの慶応二年の年末には下関で病気のため床についていたとされる。高杉晋作の可能性はない。

この三田尻での長州藩との和解の席に同席していた身分の高い人物として岩国の吉川経幹の可能性がないかとも考えた。吉川家は関が原合戦の因縁で毛利家からは家来扱いされ大名家ではなかったが、徳川幕府からは重んじられていた。当主吉川経幹は勤王の志が厚く、文久三年の七卿落ちには京都から同道している。経幹は頬の細い殿様顔の写真が残っており、その類似から一時この写真の人物は彼ではないかと考えていた。しかしそれもまた誤りであった。

結論から言えばこの革靴を履く和装の人物は福岡藩の若殿黒田長知（一八三八〜一九〇二）だと判明した。黒田長知が父黒田長溥とともに撮影されたぼんやりとした写真が古写真の研究書に掲載されており、その人物と同じと判断されたのだ。福岡は長州ではないが、このキング提督の周防三田尻港訪問の直前に艦隊が博多湾に立ち寄った記録があるので、その際に記念写真を長州公同様に撮影したのであろう。

黒田長知は伊勢藤堂家から養子として黒田家に入っている。この慶応二年段階にはまだ藩主ではなかった。後年の写真にもこの写真の面影が見て取れるようである。

このような写真がなにゆえ井口家アルバムに納められているのか。その鍵は中央の人物が握っている。真ん中の人物は左右ふたりの後ろに控えていて、推察するに「通訳」としか思えない。そしてこの人物は文久三年に長州藩が英国に送った五人の留学生のひとり遠藤謹助（一八三六〜一八九三）と見られるのである。遠藤は伊藤博文や井上馨ら五人で長州藩の官費留学生としてロンドンに赴いた。伊藤と井上はわずか一年で外国艦隊の長州攻撃の予定を聞いて帰国したが、遠藤ら三人は慶応二年に帰国した。その遠藤謹助がこの英国艦隊の長州訪問に英語の通訳として同行していたらしい。伊藤博文や井上馨は一年足らずの留学だったので英語力はさほどとは思えない。遠藤謹助は三年の留学経験があり、通訳として適役だったのであろう。アルバムの制作者中井弘もロンドン留学経験があるのであるいはその関係の知り合いであったのではなかろうか。また慶応四年段階の新政府に数少ない外国経験者として中井とこの遠藤謹助に仕事上の関係が生じたのかもしれない。

遠藤謹助は後に初代造幣局長を務めたことで知られている人物である。

なぜこのようなものが井口家アルバムに含まれているのか分からなかった写真の一枚。それを追究した結果はこのようなものであった。

井口家アルバムA16番の写真

龍馬をとりまくひとびと

坂本八平（寛政九年～安政二年）

龍馬の父。諱は直足。郷士である山本覚右衛門の二男として生まれ坂本八蔵の婿養子となり坂本家の家督を継ぐ。妻幸との間に生まれた二男が、龍馬である。長男に権平、長女に千鶴、次女に栄、三女に乙女がいる。嘉永六年（一八五三）三月、龍馬が剣術修行のため江戸へ出立するにあたって書き記したのが、「修行中心得大意」と題された訓戒書であり、大きくはっきり著された文字や我が子を思いやるその内容から、彼の人柄が窺われる。この訓戒書を龍馬は肌身離さず持ち歩いたと伝えられる。また、同年九月に龍馬が八平へあてた手紙には「御状被下、難有次第に奉存候」とあることから、江戸での修行中に父八平から龍馬へ手紙が出されていたことが分かるが、八平の手紙は現存していない。安政二年（一八五五）十二月、五十九歳で病没。

坂本権平（文化十一年～明治四年）

八平の長男、龍馬の兄。諱は直方。父八平が安政二年に病没すると、翌年の二月に家督を相続した。権平の人柄について伝えられるところは少ないが、龍馬自身は土佐出奔後、姉の乙女と並んで権平へ多くの手紙を送った。文久三年（一八六三）春に権平は、土佐藩の臨時御用として京都へ出張し、龍馬と出会っている。権平と妻千野との間には春猪という女子があり、その婿に鎌田清次郎が迎えられている。清次郎と春猪が坂本家を出た後、明治二年には、高松順蔵の子直寛を養子とした。権平自身は、明治四年七月に五十八歳で病没した。

坂本乙女（天保三年～明治十二年）

八平の三女。龍馬のすぐ上の姉であり、最も親しかった。はやくに母を亡くした龍馬の母親代わりとして、幼少期に教育を行なった。坂本の「お仁王さま」と周りから呼ばれるほどの体格と、男勝りの性格の持ち主だったと言われている。龍馬の成長に最も大きな影響を与えた人物のひとり。龍馬は藩を抜けた後、この乙女へ多数の手紙を書き送っている。乙女は安政年間に藩医の岡上樹庵と結婚し一子をもうけたが、慶応年間には別離し坂本家に戻った。龍馬暗殺後、その妻お龍が一時坂本家へ身を寄せたが、乙女はおりょうに親切であったという。維新後の明治十二年（一八七九）に乙女は病没している。

坂本春猪（天保十四年～不詳）

龍馬の姪。父は、龍馬の兄である権平。龍馬はこの姪に対しても複数の手紙を差し出している。いずれも愛情のこもったユーモアに溢れた手紙である。権平と妻千野の間には男子がなかったため、この春猪に鎌田清次郎が婿として迎えられた。清次郎は慶応三年五月に脱藩し、龍馬が隊長を務める海援隊に入っている。維新後の春猪については詳らかでないが、夫との死別後、一時権平の養子直寛のもとへ身を寄せ、その後、娘とともに暮らしたと伝えられる。「おやべ」は春猪の別称。

高松太郎（天保十三年～明治三十一年）

郷士高松順蔵の長男。龍馬の長姉千鶴を母に持つ。後に小野惇輔（小埜惇輔）・坂本直と称した。龍馬は土佐出奔後、勝海舟の塾生となったが、彼も勝の門下生として航海術を身に付けた。龍馬が家族へあてた手紙にもしばしばその名が見られ、同郷のしかも甥という身近な存在として行動をともにした。そのため、龍馬が海援隊長となると、彼も幹部の一人として重要な役割を担った。維新後の明治四年（一八七一）、龍馬の家督を継いで坂本直と名を改めた。新政府では函館において内国事務局権判事を務めたが、その後、高知へ戻り明治三十一年に病没した。弟に、自由民権運動家として知られ、権平の養子となった直寛がいる。

お龍（天保十年頃～明治三十九年）

龍馬の妻。京都の町医者楢崎将作の長女。元治元年（一八六四）前半頃に龍馬と知り合ったらしい。おりょうの身の上や気性は土佐の姉乙女へあてた龍馬の手紙に詳しい。龍馬は気丈なおりょうを「まことに面白き女にて」と評している。慶応二年正月の伏見寺田屋の遭難の際に龍馬に急を知らせ、助けたことや鹿児島の霧島温泉に遊んだことなどおりょうにまつわるエピソードは多い。龍馬の死後、一時土佐の坂本家に預けられたが、家族との折り合い悪く高知を出て再び京都へ戻った。その後、明治五年頃に上京した。明治八年には西村松兵衛と再婚して横須賀へ移り住んだ。明治三十九年に没している。墓は横須賀市大津町の信楽寺にある。

川原塚茂太郎（天保元年～明治九年）

坂本権平の妻千野の弟。権平と千野との間には男子がなかったため、坂本家の後継ぎが問題となったようである。そこで、龍馬は茂太郎に手紙を出し「養子のつがふ」をつけてくれるよう頼んでいる（書簡A）。茂太郎の周旋があったのかは判然としないが、権平の娘春猪（龍馬の姪）に清次郎という婿が迎えられた。茂太郎自身は、文久元年八月に百九十名余りが加盟した土佐勤王党の誓紙に名を連ねており、党員の一人であった。維新後、教部省へ勤めたが明治九年に病没した。

望月亀弥太（天保七年～元治元年）

龍馬の友人。諱は義澄。土佐郡小高坂村に団右衛門の次男として生まれる。兄は、同じく龍馬の友人であった清平。文久元年に、武市半平太の結成した土佐勤王党へ兄とともに加わったとされる。文久三年正月、同郷の高松太郎・千屋寅之助らと勝海舟へ入門し、航海術を身に付けている。しかし、元治元年に神戸海軍操練所を脱走して京都へ向かった。急進的尊攘派の同士らと京都市中に火をかける計画に加わる予定だったが、この計画が新選組へ露見し池田屋において襲撃を受け亀弥太は自刃した（池田屋騒動）。龍馬はこの亀弥太の死について、姉乙女あての手紙の中で触れている。

長岡謙吉（天保五年〜明治五年）

海援隊士。はじめ今井純正と称した。高知城下浦戸町に医師の子として生まれる。十代の初めに河田小龍へ入門し、その後大坂に出て医学を修めた。一旦は帰国したが、やがて脱藩し長崎でシーボルトに師事している。文久元年、土佐藩から嫌疑をかけられ帰国、獄に繋がれた。許された後、慶応元年に再び脱藩し、龍馬が河田小龍に学んだ経緯もあって二人は行動をともにするようになる。海援隊の組織後は、文官として海援隊に関わる様々な文書の起草を行なっている。龍馬の暗殺後、謙吉は同志らと讃岐高松へ向かい、維新政府に対する恭順を勧め実現させた。また、塩飽島周辺諸島の鎮撫活動にも努め、土佐藩から新しい海援隊の隊長に任命されている。海援隊解散後、新政府では三河県知事に任命され、続いて民部省・大蔵省などへ出仕し、明治五年に没した。

陸奥宗光（弘化元年〜明治三十年）

海援隊士。陽之助、源二郎、伊達小次郎などとも称した。紀州和歌山藩伊達宗広の子として生まれる。藩内の政争で父が失脚して家が改易、追放となる。文久二年頃龍馬と知り合ったと言われる。文久三年には勝海舟へ入門し、以降、亀山社中・海援隊で活躍した。特に商事に関する才能を発揮し、龍馬が「商法の事ハ陸奥に任し在之候」と言うように海援隊関係の商事を一任されるほどであった。龍馬暗殺直後には、その報復である天満屋事件に参加した。維新後は、農商務大臣や枢密顧問官などを歴任している。また、外務大臣時代に不平等条約の改正に尽力し、日清戦争の戦後処理にもあたった。明治三十年（一八九七）、肺病を悪化させ病没した。

沢村惣之丞（天保十四年〜慶応四年）

海援隊士。前河内愛之助・関雄之助とも称した。土佐郡潮江村に地下浪人の子として生まれる。幼い頃より学才があり、やがて間崎滄浪（哲馬）に入門した。文久元年に結成された土佐勤王党へ加盟するが、翌年、吉村寅太郎らと脱藩。一旦帰国したが龍馬とともに再び脱藩している。文久三年に勝海舟の門へ入った。その後も亀山社中・海援隊に加わり龍馬に従っている。龍馬が手紙の中で沢村について触れることは少なかったが、龍馬の残した『坂本龍馬手帳』によれば、社中における会計の役割を担っていたようである。龍馬暗殺後の慶応四年正月には、長崎にいた海援隊士らと奉行所を占拠したが、誤って薩摩藩士を射殺したため、責めを負って自刃した。

三吉慎蔵（天保十二年〜明治三十四年）

長府藩士。若く萩明倫館に学び、特に短槍に長けていたと言われる。慶応二年正月、藩主より時勢探索の内命を帯び、龍馬と上京した。実際は龍馬の護衛という目的が大きかったと考えられ、伏見寺田屋での龍馬襲撃に際しては槍を振るい応戦したことで知られる。この後、龍馬は慎蔵と親交を深め、たびたび彼に手紙を書き送っている。龍馬の死後、慎蔵はおりょうを一時引き受け、土佐の坂本家へ送っている。維新後、北白川宮家の家令などを務めたが、明治三十四年に病没した。

後藤象二郎（天保九年〜明治三十年）

土佐藩士。後藤助右衛門の子として高知城下片町に生まれる。吉田東洋に学び、その才能を認められるようになり土佐藩政を担うようになっていった。慶応元年には、土佐勤王党領袖の武市半平太を裁き切腹に追い込んだ。慶応三年初め、長崎に出張していた後藤は龍馬と会見し互いに認め合う存在となる。その後、政治的連携を深めた彼らは大政奉還策を推進した。同年十月に後藤は大政奉還建白書を徳川慶喜に提出したが、この時龍馬は後藤に手紙を認め、強い言葉を用いて励ましていた。明治維新後、後藤は参与・参議などを歴任した。また、愛国公党結成あるいは自由党結成に深く関わるなど政治的に重要な役割を担った。明治三十年病没している。

佐々木高行（天保元年〜明治四十三年）

土佐藩士。通称、三四郎。佐々木高順の子として生まれる。幼い頃から儒学・武術を修め、また国学を鹿持雅澄に学んだ。一時、江戸へ出て文武の修行に励み、帰国後は、次第と藩政において頭角を現すようになる。慶応三年、大監察となり土佐藩代表として長崎でイカルス号水夫殺害事件の談判にあたった。イギリス人水夫殺害の犯人として疑われたのが海援隊士であったため、談判の行なわれた七月以降に龍馬は多数の手紙を佐々木へあてて出している。維新後は、参議や枢密顧問官など要職を歴任し、宮中にも重きを成した。明治四十三年、病没。

中岡慎太郎（天保九年〜慶応三年）

土佐北川村の庄屋の子。変名石川清之助。土佐勤王党に加わり、後に長州に親しむ。龍馬とともに薩長同盟の締結などに奔走した。慶応三年には陸援隊を結成して隊長となる。龍馬が深く信頼する同志であった。慶応三年十一月十五日夜に河原町の近江屋に龍馬といるところを刺客に襲われ重症、死亡した。

坂本龍馬年譜

天保六年	一八三五	十一月十五日	土佐高知城下で坂本八平の二男として龍馬誕生。
弘化三年	一八四六	八月	龍馬の実母幸が死去（十二歳）。
嘉永元年	一八四八		小栗流日根野道場に入門（十四歳）。
嘉永六年	一八五三	三月	「小栗流和兵法事目録」を与えられる。江戸への出立に際し父八平から「修行中心得大意」を渡される。江戸の北辰一刀流千葉道場に入門（十九歳）。
		六月	米国ペリー提督の艦隊が浦賀に来航。
安政元年	一八五四	三月	神奈川で日米和親条約締結。
		六月	龍馬は江戸から土佐へ帰国。
安政二年	一八五五	十月	安政の大地震。
安政三年	一八五六	八月	龍馬は再度江戸へ剣術修行などのために出立。
安政五年	一八五八	六月	日米修好通商条約締結。
		九月	龍馬は土佐へ帰国。
			大老井伊直弼による安政の大獄が始まる。
万延元年	一八六〇	三月三日	桜田門外の変で大老井伊直弼が殺害される。
文久元年	一八六一	八月	武市半平太を中心として土佐勤王党が結成される。
			この土佐勤王党に龍馬も加盟する。
文久二年	一八六二	三月二十四日	龍馬は土佐を出奔（脱藩）、伊予へ向かう（二十八歳）。

		四月	長州下関に到着。
		十月	江戸で幕臣勝海舟に会い、弟子となる。
文久三年	一八六三	三月上旬	京都で上京中の兄権平に会い「相談」する。
		三月二十日	土佐出奔後初めての手紙を姉乙女へ書く（書簡B）。
		五月十日	長州藩が関門海峡の外国船を砲撃。
			この頃龍馬は海軍操練所の創設に奔走する。
		六月二十九日	龍馬は長い手紙を乙女に出す。「日本のせんたく」と記す（書簡E）。
		七月二日	薩摩藩が英国艦隊と交戦する（薩英戦争）。
		八月十八日	公武合体派のクーデター（八月十八日の政変）発生。
		八月十九日	龍馬は川原塚茂太郎あての手紙で坂本家の養子の都合をお願いする（書簡A）。この日に京都で七卿落ち。
		八月～九月	大和で天誅組挙兵と敗走。土佐出身者の死。
		十月	但馬生野で挙兵（生野の変）。
元治元年	一八六四		この年の前半頃に京都でおりょうと出会う。
		六月五日	京都三条の池田屋で尊攘派の志士が新選組に襲われる（池田屋騒動）。
		六月二十八日	龍馬は姉乙女へ「かの小野小町が～」の不思議な手紙を書く（書簡F）。
		七月十九日	京都で長州軍と幕府軍が戦闘に及ぶ（禁門の変）。
		八月	龍馬は京都で薩摩藩の西郷吉之助に面会する。
			この頃おりょうを伏見の寺田屋に預ける。
		十月	神戸の海軍操練所が実質上閉鎖される。龍馬らは薩摩藩を頼る。
慶応元年	一八六五		この年の前半は鹿児島から長崎・下関・京都を移動して薩長同盟の下

			準備にいそしむ。また同志らと長崎で亀山社中という名の商社を発足させる（三十一歳）。
		五月	下関で池内蔵太に偶然再会する。
		九月九日	伏見の寺田屋から乙女・おやべあてに手紙を書いて、おりょうを土佐の家族に紹介する。また同時に池内蔵太の家族にあてた手紙を記す。
慶応二年	一八六六	一月	龍馬は危険を冒して京都に潜入。
		一月二十日	池内蔵太の家族へ京都から手紙を書く。
		一月二十一日	京都の薩摩藩邸で龍馬の立会いのもと薩長同盟締結。
		一月二十三日	龍馬は伏見の寺田屋で奉行所捕吏の襲撃を受け、負傷しながらも逃げおおせた。
		三月五日	大坂を薩摩藩の蒸気船で出航。
		三～四月	おりょうとともに鹿児島の温泉で治療休息。高千穂峰に登る。霧島山登山図（表紙参照）。
		五月二日	五島沖でワイルウェフ号が難破し、池内蔵太らが水死。
		六月	龍馬ら亀山社中の同志は長州軍に味方し関門海峡での海戦に参加する。
		七月二十日	大坂城で十四代将軍の徳川家茂が死去。
		七月二十八日	亀山社中に船がなくなり、運営に苦慮した様子を三吉慎蔵にあてた手紙に記す。
		十二月四日	長崎からこの年に起こったことを兄権平や姉乙女ら家族に知らせる長い手紙を書く。おりょうとの新婚旅行の様子や伏見寺田屋での遭難の様子を詳しく記す。

		十二月二十五日	孝明天皇が崩御。
慶応三年	一八六七	一月	長崎で土佐藩参政の後藤象二郎と会見。
			この頃、長崎の上野彦馬写真館で有名な肖像写真撮影。
		二月	下関に移り、おりょうを伊藤家に預ける。
		四月	土佐藩が後援する海援隊が設立される。
		四月二十三日	瀬戸内海でいろは丸が紀州船と衝突沈没。
		五月中旬	長崎で紀州藩といろは丸の補償交渉が続く。
		五月二十八日	下関にいるおりょうに手紙を書く。
		六月上旬	長崎から夕顔丸で京都へ向かう。
		六月二十二日	薩摩藩と土佐藩の盟約が成立。
		六月二十四日	京都三条の酢屋で乙女・おやべあての長い手紙を書く。
		九月下旬	長崎で小銃を購入し土佐へ運ぶ。最後の帰郷を果たす。
		十月九日	無事上京を兄権平に知らせる手紙を書く。
		十月十三日	京都二条城で徳川慶喜が大政奉還を表明。
		十一月十五日	京都河原町蛸薬師下ル、醤油商近江屋の二階で刺客に襲われて、中岡慎太郎とともに死去。享年三十三歳。
		十一月十七日	京都東山の霊山に葬られる。
		十二月七日	残された海援隊士らは油小路の天満屋に新選組を襲う。
		十二月九日	王制復古の大号令。小御所会議。
慶応四年	一八六八	一月三日	京都南郊で鳥羽伏見の戦いが始まる。
		三月十四日	朝廷より五箇条の御誓文が発せられる。

あとがき

平成十五年の秋、京都国立博物館は特別陳列「新選組」と「坂本龍馬」とを同時に開催した。展示会の期間は九月四日から十月五日までであった。博物館新館の階段を二階へ登れば、正面が龍馬展の会場一部屋、左手が新選組展の会場三部屋であった。筆者はその両方の準備作業に忙殺されていたので、本書の執筆もままならなかったのであるが、龍馬以外に新選組の近藤勇や土方歳三資料に触れることができたのは担当者として大変有り難かった。その意味で充実した準備期間であったと感じている。

展覧会の開催期間中に筆者はその会場の入り口あたりに立って、博物館に来られた方は坂本龍馬と新選組とのいったいどちらに興味があるのかを見ることがあった。その結果観客の流れはほぼ五分五分であった。ポスターやチラシ、記者発表などの広報面では「新選組」を中心に据えていたので、坂本龍馬展に関する広報は充分とは言い難かったのだが、会場の混み具合が新選組展と同等であったことが意外であった。坂本龍馬の資料展示を待っていたファンがこれほどまで多いとは思わなかったからである。龍馬展の展示場では館蔵の文書集一、すなわち姉乙女あてを中心とする龍馬書簡八通の貼り込まれた巻物の前や新出の池内蔵太家族あて書簡の前などで皆様熱心に龍馬の手紙を読んでおられたのである。

龍馬と同世代であった近藤勇や土方歳三の書簡の筆跡に比べれば龍馬書簡の文字は上手とは言い難いが、自由人であった坂本龍馬の人格をそのまま伝えてくるような筆遣いである。そしてその内容は本書に記したような大変面白いものばかりである。来館者の多くが龍馬の手紙のこと、そしてその魅力をよくご存知であったことに筆者は改めて驚かされたのである。

本書において筆者の考えたことや述べてきたことが読者に充分に伝わるかどうかの自信はあまりないのだが、担当してきた京都国立博物館の坂本龍馬関係資料や、新たに現れてきた資料との関わりの中でこれまでに考えてきたことを率直に述べてきたつもりである。本書内の誤認誤読などはすべて筆者の責任であることを明記しておきたい。

この本を成すにあたって諸先学の業績を参照させていただいた。特に宮地佐一郎先生の『坂本龍馬全集』や『龍馬の手紙』に負うことが多かったことは本文中に記してきたとおりである。また再発見書簡の所蔵者やその他の資料の御所蔵者へは写真の掲載等について御許可いただいたことを深く感謝申し上げたい。最後に筆者の遅筆に辛抱強くお付き合い下さった編集担当者の西出佳子さんにも謝意を表したい。

宮川禎一（みやかわ・ていいち）
1959年、大分県に生まれる。86年、京都大学大学院修士課程修了。現在、京都国立博物館学芸課主任研究官（考古・歴史資料担当）。
主な著書に『国指定重要文化財 坂本龍馬関係資料』『坂本龍馬―その手紙のおもしろさ―』（いずれも京都国立博物館）『日本の美術第407号 陶質土器と須恵器』（至文堂）など。

『龍馬を読む愉しさ―再発見の手紙が語ること―』

平成十五年十一月一日　初版発行

著　者　宮　川　禎　一
発行者　片　岡　英　三
印刷
製本　亜細亜印刷株式会社

606―8204 京都市左京区田中下柳町八番地
発行所　株式会社　臨　川　書　店
電話（〇七五）七二一―七一一一
郵便振替　〇一〇七〇―二―八〇〇

落丁本・乱丁本はお取替えいたします
定価はカバーに表示してあります

ISBN4-653-03918-6 C0321